STALİN – HİTLER
VE
GİZEMLİ YAHUDİ

İlgi Kültür Sanat

Yayın No :23

Gizli Örgütler ve Teşkilatlar Serisi :04

Stalin - Hitler ve Gizemli Yahudi / Wolf Messing

Genel Yayın Yönetmeni / Ahmet İzci

Çeviri / Av. Dursun İzci

Editör / Gaye YAvuzcan

İç Tasarım / Adem Şenel

Halkla İlişkiler / Mesut Aydın

Kapak / Abraxsa

Baskı Milsan Basın San. A.Ş.

1. Baskı Aralık 2006

İstanbul Aralık 2006

ISBN 9944-978-24-8

İlgi Kültür Sanat Yayıncılık

Çatalçeşme Sokak. No: 27/10

Cağaloğlu / İSTANBUL

Tel: 0212 526 39 75

Fax: 0212 526 39 76

www.ilgikitap.com

www.ilgiyayinevi.com

bilgi@ilgiyayinevi.com

STALİN – HİTLER
VE
GİZEMLİ YAHUDİ

WOLF MESSING

Rusça'dan Çeviren
Av. Dursun İzci

İlgi Kültür Sanat

İÇİNDEKİLER

GİRİŞ

Bugün "psikolojik deneylerimin" yeni bir dizini ile bir seans yapacağım. Bin kişinin seyrettiği bir salonda sunacağım. Seyircilerimi fethetmeliyim, heyecanlandırmalıyım ve şaşırtmalıyım. Büyük çoğunluğun mucizevî diye niteledikleri sanatımla onları şaşırtıp, aynı zamanda onları hayal kırıklığına uğratmadan, burada bir mucize olmadan, insanoğlunun iradesi ve bilinci ile her şeyin yapılabildiğini göstermem lazım.

Şüpheci, tereddütlü, bazen düşmanca, anlayış ve destek içermeyen, binlerce çift gözün sana baktığı salonda görevini yerine getirmek hiç kolay değil, özellikle en zor olan ilk dakikalarda. Psikolojik deneyler benim uğraşım ve kolay bir uğraş değil! Sporcunun atlayış öncesi veya mızrak atmaya hazırlanan ciritçi gibi tüm gücümü toplayıp, tüm yeteneklerimi devreye sokup, irademi yoğunlaştırmalıyım. Sporcunun ve mızrakçının veya yeni makinenin çizimi üzerinde eğilmiş mühendisin, nadir rastlanan bir minerali arayan jeologun emeğinden daha kolay değil benim işim... Psikolojik deneylerimi seyredenler, alnımdaki ter taneciklerini görmüşlerdir...

Bugün seansım var... Seansın başlamasına daha çok zaman varken, seyircilerim akşam benimle görüşeceklerini düşünürken, görüşmemizin gerçekleşeceği büyük salondayım, şimdilik boş olan salonda. Lobide askıda bir-iki mont var... Temizlik elemanları süpürge ile uğraşıyor, işlerini tamamlıyorlar. İdareciler günlük işlerle uğraşıyorlar. Artistlerin soyunma odası olarak kullandıkları odaya geçiyorum ve kapıyı sıkıca kapatıyorum. Yalnız kalmaya ihtiyacım var...

Fakat az bir müddet sonra sahneye çıkmam gerektiğini hissediyorum. Lobide genç ve yaşlı kişiler var: Kadınlar, erkekler, delikanlılar ve kızlar bekliyor. Mühendisler ve muhasebeciler... Bilim adamları ve madenciler... Askerler... İnşaatçılar... Dağcılar... Değişik yerlerde, dolayısı ile değişik kitlenin önüne çıkmak nasip oldu bana. Savaş yıllarında salon aynı desen ve aynı renk kıyafet giyen kişilerle doldu. Sıralarda tek bir beyaz veya açık mavi kadın elbisesine rastlayamazdım... Şimdi ise Sibirya'nın uzak köşelerine turneye çıktığımda salonu inşaatlarda çalışan işçi elbisesi giyenler dolduruyor. Onlar, inşaat alanından direkt salona gelirler, neşeli çocuklardır; betoncular, marangozlar, kaynakçılar ve makineciler. Salonda hiç ak saçlı veya kel kafalı birini görmezsin, hepsi genç ve güler yüzlüler ve herkes ile bağlantı kurmam lazım.

Ama her zaman olduğu gibi bugün de, seans başlamadan tek başıma, tüm kuvvetimi toplayıp akşamki seyircilerimi düşünerek oturuyorum.

Seyircilerimi çok merak ederim! İtiraf etmeliyim ki seans başlamadan önce kendimi seansa hazır olduğumu hissettiğimde sahneye çıkar, perdeyi hafifçe aralar, aradan salona bakarım. Sıra aralarında insanlar hâlâ ayakta duruyorlar. Biletlerine bakıyorlar. Kendi yerlerini arıyorlar. Tanıdıklara rastlıyorlar. Sohbet ediyorlar. Konuşmalarına kulak misafiri olurum, bazen benden bahsederler.

İşte bir delikanlı geliyor, yüz ifadesi soğuk gibi geliyor bana. Yanında çok güzel bir genç kız var.

Saklamıyorum, bu tür sözleri duymak kırıcı! Hayatımda hiçbir zaman yalan söylemedim. Sahnede ve salonda yaptığım her şey açık. Kio veya diğer illüzyonistler gibi çok karmaşık teknik aletlerim yok veya parmak cambazları olan Dik Çataşvili ve Arutün Akopyan gibi parmaklarım hızlı ve çevik değil... Gizli yardımcılarla şifreli bağlantıya da başvurmuyorum. Sahnedeyim ama şarlatan değilim, artist de değilim. Ben, psikolojik deneyleri sergiliyorum. Başka bir şey yok. Şarlatan veya hilebaz olarak görülmem hoşuma gitmiyor.Yerinize geçin genç adam! Bugün fikrinizi değiştirirseniz çok sevinirim.

Yanıma, perdenin yanına bir grup geldi. Yükselen bir ses:

"Onun kulağının arkasında bir şişlik var! Derisinin altına küçük bir radyo takılmış. Hep elini kulağına götürüp dalgaları ayarladığını göreceksiniz. Salonda ise alıcı cihazı ile gizli yardımcıları oturuyor. Onlar ne yapacağını söylüyorlar... Burada mucizevî bir şey yok."

Yaşlı bir adam üç tane gence bunları izah ediyor. Belki onların öğretmenidir. İçimden gülümsüyorum! Evet, seans sırasında sağ elimi kulağıma götürmek gibi bir alışkanlığım var, pür dikkat dinlediğimi vurgulamak içindir... Ama kulağımın arkasındaki şişlik artık yok. Vardı... İyi huylu yağ oluşumuna birçok kişide rastlayabilirsiniz. Kulağımın arkasında radyo gizlediğimi ilk defa duyunca Profesör Petrovskiy Boris Mihayloviç'e gittim ve şişliğin alınmasını rica ettim. Seans esnasında özellikle bu gençlerin yanına yaklaşıp kafatasımı yakından görmelerini sağlamam lazım. Üzerimde teknik aletlerin takılmadığından emin olsunlar...

...İki şahıs daha. Görünüşe göre genç fizikçiler bunlar. Lobide veya daha öncesinde başlamış olan sıcak tartışmayı sürdürüyorlar:

"Ama elektromanyetik tayf tüm diyapazonda yayılmıştır. Sert gama ışınlarından uzun radyo dalgalarına kadar... Bu diyapazonda telepatik bağlantının kurulması için hiç müsait bir maddi alan yok."

"Parapsikoloji bağlantısı..."

"İş terimlerde değil..."

"Terimlerde olmadığını anlıyorum, ama "telepati" kelimesinin itibarı, evde yetiştirilen medyumlar tarafından zedelendi maalesef..."

"Ama yine de beyinden beyine bilgi akışını sağlayan maddi bir alan yoktur. "

"Dostum! Bu pozisyonlardan bakarsak, sadece yüz yıl önce ses ve görüntünün uzun mesafelere iletilmesi için maddi bir alan yoktu. Radyo dalgaları, 1886 yılında Genrih Gres tarafından keşif edildi..."

"Başka bir alanın var olduğunu mu düşünüyorsun?"

"Neden olmasın?"

"Bilim adamları fark ederlerdi..."

"Elektromanyetik alanları inceleyen cihazla mı? El kantarı ile radyo dalgaların gerginliğini ölçmeyi dener misin?"

"Evet, haklısın... Messin'le şahsen çalışmak ne kadar ilginç olurdu! Topraklanmış sac kafese onu kapatsaydık... Oradan fikirlerimizi okuyabilir miydi? Bu, elektromanyetik tayfa herhangi bir ışının katılımını önlerdi..."

"Messing'i deney tavşanına mı çevireceksin? Çok ayıp!"

Onlar da salona geçiyorlar. Yazık... Akıllı çocuklar! Topraklanmış sac kafeste deney tavşanı olmaya "hayır" demezdim... Psikolojik deneylerimde elektromanyetik alan kullanılıyor mu? Ben de öğrenirdim veya fizik aletlerince kayıt edilmeyen başka alanlar da var mı?

...Gece kıyafeti giymiş iki bayanı görüyorum.

"Şekerim o, gerçek bir sihirbaz! Asilzade Kaliostro gibi! Sen bana inanmıyorsun. Bizim çağımızda gerçek sihre inanan kimse kalmadı! Kendin görürsün! Sergilediği deneyler yapabileceklerinin yüzde biri. Mesela, o her türlü hayvanın şekline girebilir, kaplan veya köpek olabilir..."

"Neden şeklini değiştirmiyor o zaman?"

"Ona yasak koymuşlar. O da kâğıt imzalamış..."

Evet, kendimle ilgili bazen böyle bir saçmalık da dinlemek zorunda kalıyorum!

...Gençlerin konuşmasını duyuyorum:

"Hayır, messing yalancı değil... Ama medyum da değil... Onun büyük hayat tecrübesi var. İlk bakışta kişi ile ilgili her şeyi görebiliyor ..."

Yanımdan geçtiler.

İşte, başka bir grup genç toplanmış.

"Mucize elbette ki yok... Sadece şaşırtıcı yetenekler var veya daha doğrusu, çok gelişmiş yetenekler ... Evet, evet... Bizim klinikteki psikolojik deneylere katılmıştım ve iddia ediyorum ki her şey bu kişinin olağanüstü yeteneklerinden kaynaklanıyor. Sihirbazlıkla veya bu tarz bir şey ile hiçbir alakası yok..."

"Olağanüstü anlaşılmayan yetenekler mi?"

"Evet, anlaşılmayan yetenekler! Gözünün önünde şair-yorumcunun şiir yaratması; bu, anlaşılan bir şey mi? Ani hesap yeteneği olan bir kişinin kafasında dokuz haneli rakamların üçüncü, dördüncü derecesini hesaplaması anlaşılan bir şey mi?"

"Bu doğru." Devam ediyor diğer arkadaş, "Gerçekten, insanın yetenekleri ile ilgili çok şey mi biliyoruz? İnsan beyninde bir fikrin oluşma süreci, bugün de doğanın bir sırrıdır. Refleksler, birinci ve ikinci sinyal sistemleri, bu sırrın keşif edilmesine uzaktan bakışlardır. Evet, biz uzaya ayak bastık, atom molekülünün yedi mührünü söküp sırrını çözdük, ama molekül dünyasına girmek, fikrin doğuş sırrını çözmekten daha kolaydır."

"Sence bu sırrı çözer miyiz?"

"İnsan beyni içindekileri bir gün çözeceğinden eminim... Kim bilir, belki de Messing'in psikolojik deneyi, doğanın en gizemli sırrını açan anahtarlarından biridir."

Bu sözleriniz için teşekkür ederim dostlar! Elbette, bir mucize yok, olamaz da! Ben de öyle düşünüyorum! Sevinçliyim, güçlendiğimi hissediyorum. Salonda sanatımla ilgilenen kişiler varmış, belki sanatım onların hayatına, kariyerine, doğanın sırlarını çözmekte yardımcı olacak! Özellikle bugün deneylerimi titizlikle yapmalıyım.

Zil çalınca seyirciler yerlerine dağılıyorlar. Boş odaya dönüyorum, dikkatimi yoğunlaştırmam için birkaç dakikam var. Sonra iki saat boyunca yoğun bir çalışma içindeyim. İleride işimi ayrıntılı anlatacağım. Bu saatler hayatımın en zor saatleridir, aynı zamanda hayatımın en mutlu saatleri. Bu sanat saatidir! Belki, nihayet gereken kafiyeyi bulan şair, sahildeki rüzgârın nefesini kâğıda yansıtmayı başaran ressam, en az benim kadar mutludur... Zor ve mutlu bu sanat saatleri olmasaydı hayatım boş olurdu.

Seans bitince aynı boş odada sıcak demli çayımı yudumluyorum. Seansa hazırlanırken pek fazla bir şey yemiyorum. Böyle bir günde bazen öğle yemeğini bile yemiyorum. Ama hak ettiğim bu çay bana çok lezzetli gelir... Yorulduğumu ve tatmin olduğumu hissediyorum. Bu duyguyu, çalışan her insan işini bitirip çayını yudumlarken hisseder.

Ben, insanlara sevinç dağıtıyorum. Onları düşünmeye, tartışmaya sevk ediyorum... Artık dinlenebilirim.

Bu arada deneylerimle ilgili fikirlerini söylemek isteyenler, bazı konularda tartışmak veya soru sormak veya sadece hayatından ilginç bir olayı anlatmak isteyenler gelir. Ama çoğu bu sorularını geriye, evine götürürler... Ve başka şehirlerde, başka seanslarda bu sorular, bugün seans başlamadan önce duyduğum sohbetler gibi konuşmalarla bana döner.

Beni heyecanlandıran genç doktorlar evlerine dönüyorlardır veya gece nöbetine gidiyorlardır... Benimle konuşmayı hayal eden genç fizikçiler de evlerine veya tamamlanmayı bekleyen çizimlerin başına dönüyorlardır. Maalesef! Herkes ile konuşamıyorum. Ama bu kitapta tüm sorulara cevap vermeye çalışacağım. Cevaplarımda dürüst olacağım, hiçbir şey saklamayacağım. Ama tüm sorulara açıklayıcı cevap veremiyorum. Fikir akışımın bazı özelliklerini ben de anlamıyorum. Bu konuda bana biri yardımcı olursa çok sevinirdim.

Birinci Bölüm

YILLAR VE BULUŞMALAR

Rusya'da, daha doğrusu Rus İmparatorluğu topraklarında, Varşova yakınlarında Gora-Kalevariya adlı Yahudi kasabasında doğdum. Bu olay, yeni yüzyılın arifesinde 10 Eylül 1899 tarihinde oldu.

Böyle bir yerdeki hayatı şu an tasavvur etmek veya tarif etmek çok zor; tek düzen, fakir, batıl inançlarla dolu ve ekmek mücadelesinin ağır bastığı bir hayat. Bu hayatı Yahudi yazar Şolom-Aleyhem, kendi eserlerinde çok iyi tarif etmiştir. Yahudi hayatını ve fakirliğini iyi bilen bu insanı küçüklüğümden beri seviyordum. İlk ve maalesef tek görüşmemiz, bizim tarafa uğrayan ünlü yazara, diğer öğrencilerden daha başarılı olan dokuz yaşındaki öğrenciyi, yani beni takdim etmeleri ile gerçekleşti. Gözlüğünden süzülen dikkatli bakışını, sakalını ve gür bıyıklarını hatırlıyorum. Beni yanaklarımdan sevip, bana büyük bir geleceğim olduğunu söylemişti. Ama bu kehanet değildi...

Şolom-Aleyhem milletin sonsuz yeteneğine inandığından her ikinci çocuk da geleceğin âlimini görmek istiyordu. Bu inanç, sıradan insanlara olan sıcak davranışını içeren kitaplarında okunuyor. "Dolaşan Yıldızlar" kitabını hatırlayın... Elbette onun hikâyeleri, roman ve piyesleri ile daha geç tanıştım. Ama şimdi bile onun kitaplarını sayfaladığımda çocukluk çağımdaki hislere kapılıyorum. Doğduğum ve çocukluğumu geçirdiğim Yahudi kasabasının hayatını merak eden okuyucularımı en sevdiğim yazarlarımdan birinin bu sihirli sayfalarına gönderiyorum.

Hafızamda hayatımın ilk yıllarına dair fazla bir şey kalmadı maalesef. Ailem, babam, annem ve dört erkek kardeşim, küçük ahşap evde yaşıyorduk. Babam bütün gün bize ait olmayan bahçenin ağaçları ile uğraşırdı. Babamın kiraladığı bu bahçe, bizim geçim kaynağımızdı. Bahçeden toplayıp sattığımız elmaların sarhoş eden kokusu hâlâ aklımda... Babamın yüzünü, annemin şefkatli bakışını, kardeşlerimle oyunlarımızı hatırlıyorum. Hayat zordu, ben ve benim yaşıtlarım çok şeyler yaşadık, kader öyle oyunlar kurdu ki çocukluktan hafızamda, kopuk parçaların dışında bir şey kalmadı.

Faşizmin insanlığa savaş açtığı yıllarda, Maydanek'teki Varşova gettosunda babam, kardeşlerim ve tüm akrabalarım öldü. Annem, ne mutlu ki ona, daha önce kalp krizinden ölmüştü. Çocukluk yıllarıma dair bende bir resim bile yok. Ne babamın, ne annemin, ne de kardeşlerimin...

Tüm aile üyeleri, babamın ve annemin teşviki ile dine aşırı derecede yakındık. Evde tüm dini kurallar yerine getirilirdi. Anne-babamın anlayışına göre Tanrı, ufacık hataları gören, taviz vermeyen ama aynı zamanda dürüst ve adil bir varlıktı.

Babam çocuklarına sevgisini gösteremezdi. Annemin şefkatli elleri ve babamın sert, acımasız elleri aklıma geliyor. Çocuklarından birini en acımasız şekilde dövebilirdi. Babama tartıştığımız arkadaşlarımızı gelip şikâyet edemezdik. Kendimizi üzmeye müsaade ettiğimiz için iki-üç kat daha fazla dövebilirdi bizi. Bu insanlıktan uzak bir terbiye biçimi, sert ve acımasız dünyada tutunabilen birer canavar yetiştirmeye yönelik idi.

Çok küçükken uyurgezer olduğumu anlattılar. Bir gece yatağımdan kalkıp pencereye gelmişim, pencereyi açıp, çıkmaya çalıştığımı annem görmüş. Anlatılanlara göre yatağımın önünde duran bir leğen su sayesinde tedavi olmuşum. Yatağımdan kalktığımda ayağım suya battığından hemen uyanıyormuşum. Bu anlatılanların doğruluk derecesini bilmiyorum ama hiçbir şey saklamayacağım diye söz verdiğimden bunları da anlatıyorum. Belki hiç önemsiz hayatımın parçası, bu kitabı okuyan uzmanlardan biri için çok önemli ve ilginç bir veri kaynağı olabilir.

Altı yaşımı doldurduğumda beni hedere gönderdiler. Modern okuyucuya bu kelime bir şey ifade etmiyordur. Ama altmış yıl önce Rusya nüfusunun dörtte üçü okuryazar değildi. Orta gelir seviyesinden daha az geliri olan aileler, anne-babam gibi olanlar, özellikle bizim köy gibi fakir bir yerde çocuklarını sadece hedere -sinagogun bünyesinde Ravvin tarafından organize edilen okula- gönderebilirlerdi. Okutulan esas ders, Talmud idi. Oradaki duaları sayfa sayfa ezberletiliyordu... Hafızam kuvvetliydi ve bu mantıksız Talmud ezberleme işinde çok başarılı idim. Beni örnek gösterip, övüyorlardı. Bu yeteneğim Şolom-Aleyhem ile görüşmemin sebebi oldu... Ama hederde ve evde hâkim olan ortak dini atmosfer beni inançlı, gergin ve itaatkâr insan olmama vesile oldu.

İtaatkârlığımı ve Talmud dualarını ezberleme yeteneğimi gören Ravvin, beni din adamlarını hazırlayan özel okula – İeşibot'a – göndermeyi uygun gördü. Anne-babamın bu karara itiraz etmek akılların uçlarından bile geçmedi. Ravvin öyle demiş ise öyle olacak! Ama hayatımı din adamlarının siyah elbisesi içinde geçirmek yüzümü güldürmüyordu.

Hederi bitirdikten sonra İeşibot'ta okumayı katiyen kabul etmedim. Benimle tartıştılar, sonra tartışmaktan vazgeçtiler ve bu, günlerde hayatımın ilk ve tek mucizesi gerçekleşti. Uzun süre bu mucizeye inandım. Ama o gün dokuz yaşındaydım, o zamandan beri mucizeye inanmıyorum...

Bir gün babam beni sigara almam için bakkala gönderdi. Akşam vakti idi, güneş batmış, karanlık yoğunlaşmaya başlamıştı. Eve döndüğümde koyu karanlık çökmüştü. Aniden evin giriş merdivenlerinde iri, beyazlı bir figür gözüktü. Uzun sakalını, geniş kaslı yüzünü, çok parlayan gözlerini gördüm. Geniş elbisenin içindeki kollarını gökyüzüne doğru uzatıp, o zamanki anlayışımla haberci diye adlandırdığım varlık dedi ki:

"Oğlum, benim! Hayatını Tanrı'nın hizmetine adaman gerektiğini sana söylemek için yukarıdan gönderildim... İeşibot'a git! Senin dualarını Tanrı kabul eder..."

İnançlı, gergin bir çocuğa gök gürültüsü gibi gürleyen sesle söylenen bu sözlerin etkisini tahmin etmek zor değildir. Şimşek patlaması ve gök gürültüsünün darbesi gibiydi bu sözler. Yere düştüm ve bayıldım...

Kendime geldiğimde annem ve babam üzerime eğilmiş, dua okuyorlardı. Onların kaygılı yüzlerini hatırlıyorum. Kendime geldiğimde onların kaygısı yatıştı. Gördüklerimi anne-babama anlattım. Babam, itibarla öksürerek:

"Tanrı böyle istiyormuş... İeşibot'a gideceksin!"

Annem susmayı tercih etti. Yaşanan olayla sarsılan ben, hiç itiraz edemeden teslim oldum.

... İeşibot'ta geçirdiğim yılları hatırlıyorum. İeşibot başka şehirde bulunduğu için, ailemden bağımsız, kendi hayatım başladı. Orada da Heder'de okuduğum Talmud duaları çıktı karşıma. İeşibot'ta çeşitli bilimleri okutan, birbirini değiştiren öğretmenler dairesi daha geniş idi. Gününe göre, değişik evlerde beslendim, dua evinde geceledim. Böylece iki yıl geçti. Böylece beni de Ravvin yapacaklardı, eğer tesadüfen bir karşılaşma gerçekleşmeseydi.

Bir sabah kaldığım dua evine bir gezgin geldi: Uzun boylu ve atletik yapılı bir adam. Adamın sesini tanıdım. Bana Tanrı'ya hizmet öğüdünü veren, evimin önündeki "gökyüzü habercisini" gördüğümde şaşırmıştım... Yüzü de aynı idi, geniş sakalı, kaslı suratı da aynıydı.

Aldığım darbe, ilk karşılaştığımda aldığım darbeden daha az değildi. Demek babam, köyümüzden geçen bu gezginle anlaşmıştı. Belki de "Tanrısal rolü" üstlenmesi için para da ödemişti. Demek babam İeşebot'a gitmem için beni kandırdı! Her zaman dürüst ve adil olan babam bile yalana başvurdu ise kime inanılır? Bildiğim her şey, bana öğretilen her şey yalan demek...

Kafamda cereyan eden bu fikirler, anında ailemde ve dini okullarda bana öğretilen inanışları parçaladı ve kafamı dini bilgi denen çöpten temizledi.

Tanrı'ya hizmet etmeyi öğreten İeşibot'ta yapacak başka bir şey kalmamıştı benim için... Beni kandıran babamın evine de dönemezdim. Kutsal saydığı her şeye inancını kaybeden benim yaşımdaki gençlerin yaptığını yaptım; uzun elbisemin eteklerini kestim ve kaçmaya karar verdim. Paraya ihtiyacım vardı, nerden bulacağımı bilmiyordum. Bu durumda arka arkaya üç tane suç işledim.

İnançlı insanların çalışarak kazandıkları paradan "Filistin'e yardım" diye yapılan bağışların toplandığı kupayı kırıp, tüm küsenlerin ve ezilenlerin söyledikleri "Alın size!" lafını tekrar ederek kupadaki paranın tamamını cebime boşaltım.

Ne mutlu ki bu böyle olmadı, yani Allah'ın cezasından başka, insanı kötü ve zararlı davranışlardan koruyacak diğer motifleri öğrendim. Ama o yıllarda kandırmak, yalancılıkla iş çevirmek -ilk önce kendine olan saygıyı kaybetmek- olduğunu bilmiyordum.

Dua evinin taş merdivenlerine oturdum ve cebimdeki parayı saydım. Bugün gibi hatırlıyorum: On sekiz kuruş, yani dokuz lira idi. Cebimde bu sermaye ile ve boş bir ruhumla belirsizliğe doğru yola çıktım. En yakın tren istasyonuna gittim. Yapacağım yol uzundu ve karnım açtı. Bir köylünün tarlasından gizlice patates topladım. (Bir gecede işlediğim ikinci suçtu!) Ateş yaktım ve patatesi közleyerek yedim. Benim için şu an bile bu lezzetten daha lezzetlisi yok, odun kokan, kül ekilen dağılmış patates...

İlk gelen trene bindim. Vagonun yarısı dolu idi. Tren Berlin'e gidiyormuş. Biletim olmadığı için koltukların altına saklandım (bir suç daha) ve kaygısızca derin bir uykuya daldım. Hafızamda kazınan bu gecenin olayları bununla bitmedi.

En korktuğum şey gerçekleşti: Kapı açıldı ve içeri bilet kontrolü için görevli girdi. Tren Poznan'a geliyordu. Görevli yolcuları omuzlarından silkip, uyandırarak biletlere bakıyordu. Görevli ağır ağır bana yaklaşıyordu. Arada bir eğilip koltukların altına da bakıyordu. Vagon loş ışıkla aydınlatılmıştı, vagonun iki ucunda cam fenerlerin içinde mum kalıntıları yanıyordu. Koltukların altında yolcuların çuvalları ve bohçaları dizilmişti. Dolayısıyla görevli saklandığım koltukların altına eğildiğinde ancak beni fark etti.

"Genç Adam," o ses hâlâ kulağımda, "biletiniz!"

Sinirlerim iyice gerilmişti. Yerde yatan bir gazete parçasını aldım ve görevliye uzattım. Gözlerimiz karşılaştı. Beynim ve tüm iradem bu kâğıt parçasını bilet gibi kabul etmesini istiyordu. Görevli kâğıdı eline aldı, çevirdi, baktı. Olağanüstü derecede kâğıt parçasını bilet olarak kabul etmesini isteyen ben gerildim ve toparlandım. Nihayet görevli kâğıt parçasına bilet kontrol cihazından geçirerek onayladı ve bana iade edip, fenerle yüzümü aydınlattı. Görevli şaşırmıştı; küçük, zayıf çocuk bileti olduğu hâlde koltuğun altında seyahat ediyordu...

Ve biraz dinç bir sesle:

"Biletiniz olduğu hâlde neden koltuğun altındasınız? Boş yerler var, iki saat sonra Berlin'e varırız." dedi...

Birkaç yıl önce Lion Feyhtvanger'in "Lautenzak Kardeşler" adlı romanını okudum. Kardeşlerden biri gerçekten yaşayan bir insan idi ve Adolf Hitler'in özel kâhiniydi diyebiliriz. O kişiyi tanıyorum, onun gerçek ismi Ganusen. İleride ondan bahsedeceğim. Burada romanın Oskar Lautenzak'ın olağanüstü yeteneklerinin ilk belirtilerinden, öğretmeni ile teke tek psikolojik tartışmayı anlatan satırlara okuyucunun dikkatini çekmek istiyorum. Dersini çalışmamış olan Oskar'ı öğretmen tahtaya çağıracaktı. Öğretmenin kalemi listedeki Oskar'ın soyadının karşısına geldi... Oskar'a bakıp hangi soruyu sorsam diye kafasında soruları tarıyor. Oskar sadece tek sorunun cevabını biliyor. Öğretmeninin gözüne bakarak, "bunu sor, bunu sor" diye sessizce tekrarlıyor ve düşünceli öğretmen, Oskar'ın dilediği soruyu soruyor...

Bu olayı Feyhtvager'e kimin anlattığını bilmiyorum, ama psikoloji bilimi açısından anlattıkları gerçektir. İnsan ruhu maksimim derecede gerildiği anda telkin kabiliyeti doğuyor. Berlin'e giden trenin bir vagonunda, koltuğun altında yolculuk yaparken başıma gelen de buydu. Bu zor bir şey değildir, eşit seçeneklerden hangisini kullanacağını bilmeyen bir kişiye, bunu veya diğerini seçmek konusunda telkin etmek, herkesin başarabileceği bir şey... Hafızanızı yoklarsanız belki siz de, birine karşı yaptığınız bilinçsiz telkini veya telkin edildiğinizi hatırlarsınız. Beklenmedik bir anda yaşadığım ilk tecrübem çok zordu! Bu olay olağanüstü kabul edilen yeteneklerimin ilk bariz ifadesiydi.

Böylece çocukluğum geçti. Doğrusu, çocukluğumu yaşamadım diyebilirim. Çocukluğum, hayatın acımasız yaptığı babamın soğuk sertliğinden, ruhumu öldüren hederdeki ezberden ibaretti. Sadece nadir ve kısa süreli annemin şefkatini, sıcak bir duygu ile anabiliyorum. Önümde, yükseliş ve çöküş, başarı ve hüzün dolu göçebe hayatı vardı. Gerçi bugünde bu hayatı başka bir hayata değiştirmeyi kabul etmem.

Berlin... Uzun zaman sonra, bu özel, karanlık şehri sevdim diyebilirim. Elbette, savaş öncesi şehri kasdediyorum, son on yılda ise orada bulunmadım. O zaman ise, ilk gelişimde şehir büyüklüğü, kalabalığı ve bana karşı kayıtsızlığı ile beni şaşırtmıştı. Dragunştras'ta bizim şehirden gelenlerin yerleştiğini biliyordum ve o sokağı buldum. Kısa bir müddet sonra kervan sarayda getir-götür işlerinde çalışmaya başladım. Eşya taşıdım, bulaşık yıkadım, ayakkabı temizledim.

Kolay olmayan hayatımın en zor günleriydi bu günler. Küçüklüğümden beri açlığın ne olduğunu bildiğimden, kendi alın terimle kazandığım ekmek bana çok tatlı geliyordu. Ama o zaman bu ekmek ne kadar azdı! Bir tesadüf olmasaydı benim için her şey çok trajik şekilde bitebilirdi.

Bu olay evden ayrıldıktan sonra beşinci ayda yaşandı. Bir gün bir emaneti götürmek için şehrin dışında bir köye gönderildim. Giderken Berlin caddesinde açlıktan bayıldım. Hastaneye götürdüler. Kendime gelemedim. Nabız yok, nefes yok... Vücut soğuk. Bu durum kimseyi düşündürmüyordu ve kimseyi kaygılandırmıyordu. Beni morga yerleştirdiler. Toplu mezarda gömülmekten bir öğrencinin kalp çarpıntılarımı fark etmesi ile kurtuldum. Kalbim hiç fark edilmeyecek kadar yavaş çarpıyordu...

Üç gün sonra Prof. Abel kendime gelmemi sağladı. Çalıştığı alanda otorite olan Prof. Abel yetenekli psikiyatr ve nevroloji uzmanıydı. Kırk beş yaşında, kısa boylu bir adamdı. Dikkatli bakan gözlerini, tombul yüzünü çevreleyen sakalını çok iyi hatırlıyorum. Aslında ben bu kişiye sadece hayatımı değil, yeteneklerimin keşfedilmesini ve gelişmesini de borçluyum.

Kan azlığı, açlık, sinir krizi gibi nedenlerden dolayı koma durumunda bulunduğumu bana Abel izah etti. Vücudumu idare etme yeteneğimi fark edince Abel şaşırdı. "Medyum" kelimesini ilk ondan duydum.

"Siz olağanüstü bir medyumsunuz."

O zaman bu kelimenin manasını bilmiyordum. Abel benimle deneyler yapmaya başladı. İlkin bana özgüven duygusunu, kendinden emin olma duygusunu aşıladı. İstediğim her şeyi kendine emredebileceğimi söyledi.

Arkadaşı ve meslektaşı olan Prof. Psikiyatr Şmitt ile Abel benimle telkin deneyleri yaptılar. Şmitt'in hanımı bana, düşünerek emirler veriyordu, ben de onları yerine getiriyordum. Bu hanım benim ilk induktorum[1] idi.

İlk deney şöyleydi; fırının içine gümüş parayı sakladılar, onu bulup, kapısından değil, duvardaki bir tuğlayı kırarak çıkar-

---

1 Telkin deneyleri esnasında telkin edilecek emirleri ve ödevleri veren insan.

mam gerekiyordu. Emri telepatik olarak kabul ettiğimden emin olmak için deney özellikle bu şekilde planlanmıştı. Çekici alıp, duvarı kırıp paraya ulaştım.

Bu insanların gülümsemelerinden, Abel'in gülümsemesinden sonra hayat da bana gülümsemeye başladı. Abel ilk menajerim Selsmeyter ile tanıştırdı beni.

Uzun boylu, fiziği düzgün, yakışıklı, 35 yaşında bir adam idi; menajerin görünüşü, çalıştığı artistin yeteneği kadar önemliydi. Selsmeyter efendi "Çalışmak ve yaşamak lazım!" derdi. Bu deyimi kendine özgü bir şekilde yorumluyordu. Çalışmak zorunluluğunu menajerliğini üstlendiği kişiye bırakıyordu, kendisine ise yaşama hakkını bırakıyordu. Hayat anlayışı da çok hassas idi. Lezzetli sofrayı, kaliteli şarapları, güzel kadınları severdi. Tüm bunları uzun yıllar boyu benim sayemde yaptı. Beni hemen Berlin panoptikumuna[2] sattı. Her hafta cuma günü sabah panoptikumun kapıları açılır açılmaz kristal tabutta, kendimi kataleptik hâle getiriyordum. İleride bu hâlden size bahsedeceğim, burada sadece belirtmek isterim ki üç gün ve üç gece kıpırdamadan yatmak zorundaydım. Dış görünüşüm de cesetten hiç farklı değildi.

Berlin panoptikumu gösteri merkezi idi, canlılar sergileniyordu. İlk defa oraya gittiğimde korkmuştum. Bir odada seam ikizleri kızlar vardı. Buradan geçen genç adamlarla, bazen terbiyesiz şakalar yaparlardı. Başka bir odada beline kadar gür sakallı, çıplak, şişko bir bayan vardı. Seyircilerden bazılarına sakalını çekmeye izin veriyordu ki gerçek olduğundan emin olsunlar. Üçüncü odada kolsuz bir adam donla otururdu. Sadece ayaklarını kullanarak oyun kâğıtlarını karıştırıp dağıtabilirdi, si-

---

2 Bir çeşit sergi salonu.

gara sarabilirdi ve kibrit yakabilirdi. Onun yanında her zaman bir sürü seyirci olurdu. Ayakları ile resim de yapabilirdi. Renkli kuru boyalarla isteyenlerin resimlerini çiziyordu ve kendine ek gelir sağlıyordu. Dördüncü odada haftanın üç günü ölümle yaşam arasında yatan Wolf Messing vardı.

Panoptikumda yarım yıla yakın çalıştım. Demek, yaklaşık üç ay şeffaf soğuk tabutun içinde yatmışım. Her gün için 5 mark ödüyorlardı! Daimi açlığa alışık olan bana bu, çok büyük bir rakam gibi geliyordu. En azından kendimi geçindirmeye, anne-babama yardımcı olmaya yetiyordu. İşte o zaman aileme kendimle ilgili bir haber gönderdim...

Prof. Abel ve Şmitt'in düzenledikleri ilk telkin deneyinden bahsetmiştim. Ondan sonra bu tür deneyleri birkaç kez yaptılar. Her seferinde daha iyi sonuç alınıyordu. Fikir olarak bana gönderilen emri daha çabuk ve daha net algılamaya başladım. Bilincimdeki düşünceler korosundan, duymam gereken "sesi" ayırt etmeyi başardım. Prof. Abel:

"Yeteneklerinizi geliştirin, düzenli çalışın! Onların sönmesine izin vermeyin!" diye öğüt vermekten yorulmazdı.

Düzenli "antrenmanlara" başladım. Boş olduğum dört gün Berlin pazarına gidiyordum. Sebze, patates ve et tezgâhlarının başında genç köylü kızlar ve şişko yaşlı kadınlar duruyordu. Müşteriler az olduğunda satıcılar düşünceler içinde otururlardı. Ben tezgâhları dolaşarak, sıra ile sanki radyoda yeni frekansları açar gibi, köylülerin evini, hayırsız bir evlilik yapan kızının kaderini, zam gelmeyen gıda fiyatları ile ilgili düşünceleri dinlerdim. Düşünceleri dinledikten sonra doğru olduğunu kontrol etmem gerekirdi. Şüpheli durumlarda tezgâhın yanına gelerek, satıcının gözlerinin içine dalıp:

"Merak etme, kızın ineği sağmayı ve tavşanları beslemeyi unutmaz. Kızın yaşı küçük ise de akıllı ve beceriklidir." diyordum... Kişinin verdiği tepki beni haklı olduğuma ikna ederdi.

Bu antrenmanlarla iki yıl uğraştım. Abel, bana acı duygusunu söndürme sanatını öğretti. Zamanın geldiğini ve kendi vücudumu tamamen yönetmeyi öğrendiğimde, Kış Bahçesinin varyetinde–Vintergarten'de- gösteri yapmaya başladım. Gecenin başlangıcında Hint Fakirini oynuyordum. Göğsümü iğneledikleri ve boynumdan şiş geçirdikleri zaman acı hissetmeme emri veriyordum kendime...

Yıllar sonra bu tür gösterilerde iş kazalarını anlatan Vsevolod İvanov'un "Hint Fakirinin Maceraları" adlı eğitici ve hüzünlü kitabı okuduğumda güldüm.

Gösterinin sonuna doğru milyoner gibi giyinen bir oyuncumuz sahneye çıkıyordu. Parlayan smokin ve silindir giyen, pahalı takılar, yüzükler, pırlanta kol düğmeleri, zincirli altın saat takan bir milyoner. Sonra hırsızlar gelip onu soyuyorlar ve öldürüyorlardı. Pahalı takıları (tabii onlar sahte) ise masalarda oturan seyircilere dağıtıp, dışarı çıkarmamak kaydı ile saklamalarını istiyorduk. Sonra sahneye detektif Wolf Messing geliyor ve her masanın yanına gelip, bayanlardan ve baylardan, filanca yerde saklanılan şu takıyı iade edilmesini istiyordu. En sık pantolonun arka cebine, ceketin iç cebine, el çantalarına veya bayanların ayakkabısına saklanırdı eşyalar. İnsanların çoğu Vintergarten'e Messing'i seyretmeye gelmeye başladılar.

On beş yaşımı doldurduğumda, menajerim, o dönemde meşhur olan Buş'un sirkine sattı beni. İnsanlık için kötü bir şans getiren 1914 yılındaydık. Birkaç milyon hayatı götüren Birinci Dünya Savaşı başlamıştı. Şimdi anlıyorum ki menajerim Selmeyster, beni dünyadaki gerçek hayatın büyük zorluklarından koruyordu, dikkatimi işime ve para kazanmaya yönlendiriyordu. Bu konuda her zaman başarılı değildi.

O zamanlarda bilgi seviyemin düşük olduğunu anlıyordum. O yıllarda Berlin'de özel derslere giderdim ve genel bilgi derslerini alırdım. Özellikle psikoloji ilgimi çekiyordu. Dolayısı ile uzun zaman sonra kendi niteliklerimin özünü anlamak için Vilnen Üniversitesinde psikoloji bölümünde çalıştım.

Öğretmenlerimi ve meslektaşlarımı hatırlıyorum: Prof. Vladiçko, Kulbışeckiy, Orlovski, Resenburg ve diğerleri... Düzenli eğitim almak bana kısmet olmadı, ama modern bilimin gelişimini yakından takip ediyorum, dünyanın politik hayatını biliyorum, Rus ve Polonya edebiyatı ile ilgileniyorum. Rusça, Lehçe, Almanca, eski Yahudi dillerini biliyorum. Bu dillerde yayımları takip ediyorum, elimden geldiği kadarı ile bilgilerimi geliştiriyorum.

Ama konuyu değiştirmeyim... 1914 yılına, Buş'un Sirkine dönelim. Programımda fazla bir şey değişmedi. Aynı iğneler, aynı boğaza iğne batırma gösterisi ve ilk psikolojik deneyler. Buş'un sirkinde "milyoner öldürüp" mücevherlerini seyircilere dağıtmıyorduk, tam tersi seyircilerin eşyasını alıyorduk. Hepsini bir arada topladıktan sonra, eşyalarını sahiplerinde iade ediyordum.

Yavaş yavaş ünlü oluyordum, menajerim de itibarını arttırıyordu. Yüzü yuvarlaklaşıyordu, vücut hatları da tehlike altındaydı.

Nihayet 1915 yılında beni ilk turneyle Viyana'ya götürdü. Sirk gösterisi ile değil, psikolojik deneyler programı ile turneye çıktık. Sirkle alakam kesildi artık. Lunaparkta gösteriye çıktık. Turne üç ay sürdü. Gösterilerim çok seyirci topladı, "sezonun yıldızı" oldum.

Viyana'da Albert Enşteyin ile görüşme mutluluğuna kavuştum. 1915 yılıydı. O, başarısının doruk noktasında idi. Onun Brown hareketleri ile ilgili araştırmaları hakkında, fizikteki bir takım olayların açığa kavuşmasına vesile olan elektromanyetik alanın kuantumu ile ilgili, sadece bir avuç fizikçi tarafından desteklenen cesur fikirlerini bilmiyordum. Benim için bugün bile şaşırtıcı olan madde, mekân ve zaman arasında bağlantıyı tespit eden genel görecelilik kanununu tamamladığını bilmiyordum. Bu büyük keşif, 1916 yılında yayımlandı. Tüm bunları bilmesem de büyük fizikçinin ismini duymuştum.

Galiba Enşteyin gösterilerimden birini seyretti ve gösteri ilgisini çektiği için beni görüşmeye davet etti. Tabii bu görüşme öncesi çok heyecanlıydım.

Enşteyn'in dairesinde kitapların çokluğu beni çok şaşırtmıştı. Girişten itibaren her yerde kitap vardı. İçeride iki kişi vardı: Enşteyn ve Zigmund Freyd, ünlü psikolog ve doktor, psikanaliz teorisinin yaratıcısı. O dönemde kimin daha ünlü olduğunu bilmiyorum, belki Fred'tir, ama bu önemli değil. Freyd, elli yaşında, ciddi bir kişiydi, karşısındaki kişiyi kıpırdamayan gözleriyle ayağından başına kadar incelemek gibi bir alışkanlığı vardı. Her zaman siyah takım giyerdi. Kolalanmış yakası, kırışıklarla dolu boynunu tutuyordu sanki. Enşteyn'i pek hatırlayamıyorum, onun sade ev giysileri içinde, üstünde bir kazak, kravatsız ve ceketsiz olduğunu hatırlıyorum. Freyd hemen deneylere geçmeyi önerdi. O, induktorum oldu.

Onun sessiz emrini hâlâ hatırlıyorum; masanın üstünden bir cımbız alıp, Enşteyne'e dönüp, muhteşem sakalından üç kıl çekmemi istemişti...

Cımbızı alıp Enşteyn'in yanına yaklaştım, özür dileyerek âlim arkadaşının bana verdiği emri dile getirdim, güldü ve yanağını uzattı...

İkinci emir daha basitti: Ensteyn'e kemanını uzatıp, biraz çalmasını rica etmek. Freyd'in bu sessiz emrini de yerine getirdim. Enşteyn güldü ve kemanı eline aldı ve çalmaya başladı. 16 yaşında, çok genç bir misafir olmama rağmen akşam çok rahat ve neşeli geçmişti.

Vedalaşırken Enşteyn:

" Fenalaşırsan bana gel!" dedi...

Freyd ile sonraları çok karşılaştım. Onun dairesine de Enşteyn'in dairesinde olduğu gibi kitaplar hükmediyordu. Bir küçük oda laboratuar olarak kullanılıyordu. Laboratuarda ince kemikleri sallanan insan iskeleti, dişlerini sergileyen kafatasları, büyük cam kavanozlarda ispirtoda muhafaza edilen insan vücudunun parçaları vs. eşyalar vardı. Gerçekten Freyd'in işi için tüm bunlara ihtiyaç var mıydı, yoksa sadece hastaların psikolojisini etkilemek için mi bulunuyordu bilmiyorum, ama bu odada bulunan nesneler giren kişiyi çok etkiliyordu, hele de sahibinin, şeytanı hatırlatan ciddi ve sert, siyahlara giyinmiş görünüşü ile birleşince. Nedense her zaman, ev ortamında bile o asa-şemsiyesi ile aklıma geliyor. Freyd'in ziyaretçileri az idi. Genelde kolalı giysiler içinde, zamanın modasına göre bıyıklı, ciddi, yaşlı insanlardı. Hatırladığım kadarı ile Freyd sevilen bir insan değildi. Asık suratlı, acımasızca eleştiri yapan, haksız yere insanı alçaltabilen bir kişi idi... Ama benim için olumlu katkısı oldu. Kendi kendine telkin etmeyi ve odaklanmayı öğretti... On altı yaşında bir çocuktum, bu enteresan, engin ve kuvvetli bir insanın etkisi altında kalmamam imkânsızdı. Freyd iktidarını benim yararıma kullandı. Arkadaşlığımız iki yıl sürdü, bu zaman dilimini şükran duygusu ile anıyorum.

Bu arada işlerim iyi idi. 1917 yılında Selmeyster büyük bir turneye çıkacağımızı duyurdu. Nerdeyse tüm dünyayı dolaşacaktık. Dört yılda Japonya, Brezilya ve Arjantin'e gittik. Seyahat sırasında edindiğim izlenimler birbirini eziyordu, biri diğerini değiştiriyordu, bir valize çok fazla eşya sığdırdığın zaman eşyaların şekli değiştiği gibi.

1921 yılında Varşova'ya döndüm. Okyanusun karşı tarafında geçirdiğim zaman zarfında Avrupa çok değişmişti. Rusya'da Ekim devrimi yaşanmıştı. Avrupa haritasında Polonya diye bir ülke yerini almıştı. Doğduğum kasaba bu ülke sınırlarındaydı ve ailem ordaydı.

Polonya askerine çağırıldığımda yirmi üç yaşındaydım. Birkaç ay geçtikten sonra komutan beni çağırdı ve "devletin başkanı" Yzef Pilsudskiy'in benimle görüşmek istediğini söyledi.

Beni çok lüks bir salona götürdüler. Burada yüksek tabakadan insanlar, "saraya yakın olanlar", parlak askerler ve şık kadınlar vardı. Pilsudskiy sade, askeri kıyafeti andıran giysiler içindeydi ve hiç nişan takmamıştı.

Deney başlamıştı. Perdenin arkasına sigaralık saklanmıştı. Bu çok basitti benim için! Beni alkışlarla ödüllendirdiler... Pilsudskiy ile bir müddet sonra onun odasında yakından tanıştım. "Devletin başkanı" o yıllarda onun resmi göreviydi, kadın gibi inançlıydı. İspritizma ile uğraşıyordu, "şanslı" on üç rakamını seviyordu... Benden özel nitelik taşıyan bir ricada bulundu, bunu hatırlamak bana hoş gelmiyor, sadece bu ricasını yerine getirdiğimi söyleyebilirim.

Askeri vazifemi yerine getirdikten sonra deneylerime geri döndüm. Yeni menajerim Bay Kobak elli yaşında modern anlayışı olan bir iş adamıydı.

Onunla birlikte birçok Avrupa ülkesine turneye gittim. Deneylerimle Paris'te, Londra'da, yeniden Berlin'de, Stockholm'da gösteriler düzenledim.

İmkânlarım el verdiğince programımı geliştirmeye, yenilikler katmaya çalıştım. Riga sokaklarında, gözlerim siyah havlu ile kapatılmışken, ellerim direksiyonun üstünde, ayaklarım pedallardayken araba ile gezdim. Yanımda oturan gerçek sürücü, düşünceleriyle nereye gideceğimi bana dikte ediyordu. Reklâm amaçlı, binlerce seyircinin önünde yapılan bu deney çok ilginçti. Arabanın ikinci direksiyonu yoktu. Ne bu deneyden önce ne de sonra direksiyon başına oturmamıştım...

Bu yıllarda diğer kıtaları da gezdim. Güney Amerika, Avustralya ve Asya ülkelerinde bulundum. Sayısız görüşmelerden birine birkaç satır ayırmadan edemem, 1927 yılında Hindistanlı siyasi lider Mohandas Karamçand Gandi ile görüşmemden bahsedeceğim. Onun ilkelerinde eski Hint felsefesinin ve değişik sosyal bilimlerin esasları vardı.

Gandi beni derinden etkiledi. Şaşırtıcı sadelik ve gerçek âlimlik bu insandan ışıldıyordu. Düşünürün yüzü, hareketlerinin sakinliği ve esnekliği, çevresindeki insanlara hitap ederken kibarlığı aklımda kaldı. Gandi rahip gibi sade giyinirdi ve en basit yemekleri yerdi.

Ona sergilediğim deneyde benim induktorum oldu. Benden yapmamı istedikleri şunlardı: Masadaki flütü alıp, üçüncü bir kişiye vermemi istedi. Üçüncü kişi flütü alıp, dudağına götürdü ve ince flüt sesi havayı titretti. Ayağının dibindeki şişeyi andıran dar boğazlı sepetten, aniden, alacalı kurdele gibi yılan çıkmaya başladı. Yılanın hareketleri flüt çalan kişinin müziğini takip ediyor. Bu gerçek bir dans idi, insanın hareketli kadar güzel ve uyumluydu. Bundan önce böyle bir şey görmemiştim ve şaşkın gözlerimi yılanın dansından alamıyordum.

Hindistan'da bulunduğumda yogaların yeteneklerini görme fırsatını kaçıramazdım. Yogaların düzenli antrenmanlarla kazandıkları vücudu idare etme becerisi gerçekten hayranlık uyandırıyordu. Bazı yogaların birkaç haftalık kataleptik durumu ilgimi çekti. Bu kadar uzun süre bu durumda kalabilmeyi hiç başaramamıştım.

Özel nitelikte ricalarla bana gelenler çok oldu: Aile içi ilişkileri ayarlamak, mücevherleri çalan hırsızı bulmak vs. Hayatım boyunca takip ettiğim prensip gereği zengin, fakir ayırımı yapmadan, sosyal durumuna bakmadan her zaman tüm insanlara iyilik yaptım, her zaman haklının tarafındaydım.

Bu tür olaylardan biri Çartoriyski asilzadelerin eski şatosunda yaşandı. Bu aile Polonya'da çok nüfuzlu, ünlü ve çok zengin bir aileydi. Asilzade Çartoriyskiy ülkede çok etkili bir kişiydi.

Bu şatoda nesilden nesle geçen, çok eski bir mücevher pırlanta broş kayboluyor. Broşu gören sarraflar ona 800 bin altın değer biçiyorlardı ki bu çok büyük bir rakamdı. Onu bulma çabaları başarısızlıkla sonuçlanmıştı. Asilzade Çartoriyskiy'in şüphelenebileceği kimse yoktu. Sıkı korunan şatonun içine yabancı biri giremezdi, çok sayıdaki çalışanlarından asilzade emin idi. Çalışanlar asilzadeye sadık, onlarca yıl burada emek veren ve kazançlarına değer veren kişilerdi. Davet edilen özel detektifler hırsızı bulamadılar.

Asilzade Çartoriyskiy kendi uçağı ile yanıma geldiğinde Krokov'da gösterideydim, durumu izah etti ve bu işle ilgilenmemi rica etti. Ertesi gün asilzadeyle birlikte Varşova'ya uçtuk ve birkaç saat sonra asilzadenin şatosuna ulaştık.

O yıllarda ressam gibi görünüyordum; saçlarım omuzlarıma kadardı, yüzüm de bembeyaz idi. Giydiğim siyah takımı geniş siyah şal ile örtmüştüm, başımda da şapka vardı. Dolayısı ile asilzadenin beni, şatoya çalışmak için gelen bir ressam olarak takdim etmesi çok kolay oldu.

Sabah "portresini çizmek üzere bir natura" seçmeye başladım. Asilzadenin tüm çalışanları önümden geçti. Kalenin sahibinin haklı olduğuna emin oldum. Bu insanlar dürüsttüler. Kalenin diğer sahipleri ile de tanıştım, onlar da masumdu. Sadece bir kişi ile ilgili bir şey diyemedim. Ne onun düşüncelerini, ne de onun ruhunu hissedebildim. Sanki dünyadan şeffaf bir tabaka ile soyutlanmıştı.

Bu kişi zekâsı düşük olan bir çocuktu. Eskiden beri şatoda çalışan birinin çocuğuydu. Kale sahipleri çoğu zaman dışarıdaydılar. Çocuk kalede tamamen serbest dolaşabiliyordu. Kötü bir şeye hiç karışmadığından her yere girmesine kimse bir şey demiyordu. Hırsızlığı o yapsa da kasıtsız, bilinçsiz yapmış olabilirdi. Düşünebileceğim tek kişi o idi. Tahminimi kontrol etmeliydim.

Onunla, çeşitli oyuncaklarla dolu çocuk odasında baş başa kaldık. Not defterimde bir şeyler çiziyormuş gibi yaptım. Sonra cebimden zincirde sallanan altın saatimi çıkardım ve çocuğun ilgisini çekmek için havada salladım. Saati masanın üstüne bıraktım ve odadan çıkıp çocuğu gözlemeye başladım.

Beklediğim gibi, saate yaklaştı, eline aldı, aynen benim yaptığım gibi havada salladı, sonra ağzına koydu... Yaklaşık yarım saat oyalandı. Sonra köşede bulunan, kocaman yapay ayının yanına geldi, kolayca ayının başına çıktı. Bir saniye geçmeden, saatim hayvanın ağzında kayboldu! Evet, yanılmıyordum. Bu çocuk kastı olmayan bir hırsızdı. Çalınanların bekçisi yapay ayı da onun sessiz ortağı idi.

Ayının boynunu ve boğazını kesmek zorunda kaldık. Bu ameliyatı gerçekleştiren "şaşkın cerrahların" önüne bir sürü parlayan eşya döküldü. Altın suyuna batırılmış kaşıklar, yılbaşı ağacı süsleri, kırılmış şişelerin renkli cam parçaları. Ziyaretime sebep olan asilzade Çartoriyin aile mücevheri de onların arasındaydı.

Anlaşmamıza göre asilzade bulunan mücevherlerin değerinin %25'ni bana ödeyecekti, ama ben bu paradan vazgeçtim, karşılık olarak Polonya hükümetinin kabul ettiği ve Yahudilerin haklarını kısıtlayan bir yasanın iptal edilmesi için nüfuzunu kullanmasını rica ettim. İki hafta sonra bu yasa iptal edildi.

Hırsızlıkla ilgili bu tür işleri çok takip ettim. Ama beni bir nevi "Şerlok Holms'a" dönüştüğümü düşünmeyin. Ben sadece, en düşük derecede de olsa, hakkın ve adaletin kazanmasını sağlayabileceğim vakalarla ilgileniyordum. En sıkı kan bağlarının bile maddiyata dayanan karşılıklı nefrete, ölümüne kıskançlığa engel olmadığı "aile içi vakalarla" sıkça ilgilenmek zorunda kalıyordum.

Varşova'da yaşanan bir olay var aklımda. Uzun yıllar geçmesine rağmen, bu olaya katılan kişilerin kendi ecelleri ile öldüklerine emin değilim, onlara bir zarar vermemek için isimlerini zikretmemeden anlatmak istiyorum.

Ticaretle uğraşan bir kişinin yıllardır çalışıp biriktirdiği yaklaşık 5.000$ çalınmıştı. Bazı eşyalar da kayıp idi. Polis incelemelerde bulundu, ama hiçbir ize rastlanamadı, hırsızlar işin uzmanı idiler.

Tüccarla birlikte iki kişi yaşıyordu: Ağabeyi ve kızı. Ağabeyinin tavsiyesi üzerine tüccar çalınan malların ticaretini yapanlara gitti. Ne garip ki çalınan eşyalardan hiç biri onların eline geçmemişti. Bu o kadar anlamsız bir durumdu ki akıllara kısa bir süre için Varşova'ya gelen "gezgin-hırsızı" veya ev halkından birini getiriyordu...

Durum böyle olunca tüccar beni ziyaret etti. Kızının çeyizi için her gün birer kuruş kenara koyan bu yaşlı ve hasta adama çok acıdım. Ailesi ile ömür boyu oturduğu küçük, fakir daireyi inceledim... Sonra ağabeyinin oturduğu odaya geçtik. O özel ibadet giysileri içinde doğuya bakıp sesli dua okuyordu.

Bu odada birkaç dakika geçirdim ve onun tedirgin ruh hâlinden, duasını emin olmayan bir sesle okuyuşundan hırsızın karşımda olduğundan emin oldum. Sonra onun "fikirlerini" duydum...

Duasını bitirdiğinde odada onunla baş başa kaldım. Hemen çaldığı eşyaları ve paraları nereye koyduğunu sordum. Hemen itiraf etmedi ama oturduğumuz kanepenin altında olduğunu anladım. Bunu kendisine söyledim ve yarın kardeşine geri vermesini talep ettim. Aramızda kalacağına dair söz verdim. Giderken tüccara ve kızına:

"Merak etmeyin. Paranızı ve eşyalarınızı kimin çaldığını tespit edemedim, ama son kuruşuna kadar her şeyin evinize yarın döneceğinden eminim." dedim. Kardeşlere acımıştım; hırsızın kim olduğunu açıklasam aileye büyük bir darbe vurmuş olurdum.

Bir keresinde Belostok'ta bir gazeteci karısının pırlanta yüzüğü kayboldu. O, beni çağırdı. Hırsızlığı hizmetçilerden birinin yaptığını tespit etmek zor olmadı. Yüzüğün başka bir kişiye verildiğini ve o kişiyi bulamayacağımı da anladım.

O zaman kurnazlığa başvurdum. Hizmetçilerin de duyacağı şekilde bağırarak gazeteciye dedim ki:

"Dostum! Sahte bir cam parçası yüzünden telaşlanmaya ne gerek var? Senin yüzüğünün fiyatı en fazla 5 altındır, satmaya kalkarsan 2,5 altına satamazsın... Hizmetçilerini kovarsın, polis çağırırsın... Bu gürültü ne için? Bir düşün! Üstelik o yüzük bir yere düşürmüştür, evin bir köşesinde yatıyordur. Kimin işini görür ki o parça?" Bir kaç saat sonra yüzük (3 karat pırlantalı) salonun köşesinde bulundu...

Davet edildiğim başka bir olayda, hırsızlığı ev sahibi kendisi yapmış, sevgilisine hediye etmişti.

Paris'te psikolojik bakımdan ilginç bir olay başımdan geçti. 1920'li yıllarda çok konuşulan bankacı Denadye'nin vakası. Denadye çok zengin ve çok cimri bir insandı. Yaşı baya ilerlediğinde, eşinin vefatından sonra, zenginliğine hayran olan genç bir bayanla evlenmişti. Bankacının, hayatından memnun olmayan kızı da vardı; babasından aldığı harçlık onu tatmin etmiyordu. Birbirine çok yakın olduğu kadar birbirinden farklı olan bu üç kişi Denadye'nin villasının sakinleriydi. Hizmetçilerin hepsi gündüz çalışırdı, yani yabancı biri geceyi evde geçiremezdi.

Ama orada garip olaylar yaşanmaya başlamıştı. Olaylar Denadye'nin odasında duvarda asılan karısının portresinin sağa sola sallanmasıyla başladı. Korkudan büyüyen gözleri ile Denadye karısının resmine bakıyordu. Sanki karısı kafasını sallamış, ellerini kıpırdatmış ve yüzü canlanmıştı. Karısı çerçeveden çıkmak istiyor, ama sallandığı için çıkamıyormuş gibi idi.

Portrenin sallantısı yaşlı ve inançlı bir kişiyi nasıl etkilediğini tahmin edebilirsiniz. O, koltuktan kalkamadı. Gözlerini kapatıp bağırmaya başladı. Yarım saat, belki daha uzun bir müddet sonra -Denadya saate bakacak durumda değildi- tiyatrodan dönen karısı ve kızı çığlıklarını duydular.

O günden itibaren portre her gün göz kırpmaya ve sallanmaya başladı. Bazen portrenin asıldığı duvardan vurma sesleri sallanmalara eşlik etmeye başladı. Sesler sanki duvarın içinden geliyormuş gibiydi. Ve bir ayrıntı daha: Tüm bunlar karısının ve kızının evde olmadığı zaman oluyordu. Onlar evdeyken portre hiçbir yaramazlık yapmıyordu.

Denadye polise başvurdu. Gece herkesten gizli olarak bir detektif evde kaldı. Belli bir zamanda portre sallanmaya ve ses çıkarmaya başladı. Portreye yaklaşmaya çalışan detektif aniden bir şeye çarparak düştü ve ayağını burktu. Polisin başına gelenlerden sonra olaya doğa üstü güçlerin karıştığına dair inanç yaygınlaştı. Polis çekildi. Denadye kaderine ve olağandışı güçlere terk edildi.

İşte bu zamanda olayı gazetelerden öğrendim ve ilgilendim. Çocukluğumdan beri olağan dışı güçlerin varlığına inanmadığımı tekrarlıyorum. Paris Polisi Komiseri beni Denadye'ye takdim etti. İlk gecede herkesten gizlenerek Denadye'nin odasında kaldım; zavallı adam aklını kaybetmeye yakın idi ama karısının resmini indirmeye yanaşmıyordu. İkinci evliliğine rağmen karısının hatırasını canlı tutuyordu. Bu iş ertelemeye gelmezdi, yarın çok geç olabilirdi. Zavallı Denadye aklını kaybedebilirdi veya korkudan her an ölebilirdi. Bana evde kimsenin olmadığını söyledi: Karısı ve kızı tiyatroya gitmişti. Her şey bu gizemli olayın gerçekleşeceğini işaretliyordu.

Biz ışığı kapattık. Villada bizden başka birilerin olduğunu hemen hissettim. Kısa bir süre sonra, yan odada -kızının odasında- birinin varlığından emindim. O anda biri duvara vuruyormuş gibi ses geldi. Aynı anda ay ışığında portrenin sallandığını gördüm. Gerçekten bu çok korkunç bir manzara idi. Büzülmüş Denadye hiçbir uzvunu hareket edemeden hâlsiz koltuğunda oturuyordu...

Ayağı burkulan polisin durumuna düşmemek için çok dikkatli adımlar atarak yavaşça kapıya geldim ve koridora çıktım. Yan kapıya, kızının odasının kapısına geldim ve kapıyı çaldım. Duvardan gelen ses hemen kesildi. Israrla kapıyı tekrar çaldım, kapıya kuvvetle omzumla yaslanınca kapı açılıverdi. Odada, yatakta genç bayan yatıyordu. Yeni uyanmış numarası yaptı.

" Matmazel, siz tiyatroda değil miydiniz? Nasıl geldiniz buraya?" dedim...

Bayanın fikirlerinin karmaşıklığını takip ettim. Birkaç saniye sonra planın gizli mekanizmasını çözdüm. Üvey anne ile kız çok çabuk kaynaşarak, Denadye'nin benimsediği hayat tarzına karşı birleşmişlerdi. İkisi de Denadye'nin hayat standardına uymak zorunda kalıyorlardı. İkisinin de bankacının milyonlarına sahip olma arzusu vardı ve kendilerine göre buna ulaşmanın en kolay yolunu seçmişler idi: Yaşlı ve hasta bankacıyı aklından etmek. Denadye'nin odasındaki portreyi hareket ettirmek için gizli bir mekanizma yerleştirdiler.

Aynı gece polis komiserine haber verdim ve iki bayanı tutuklanmasından büyük bir zevk aldım. Benim "detektiflik" tecrübemde çok uç vakalar da oldu. Size Polonya'da değişik yıllarda psikolojik deneylerimi sunarken başıma gelen birkaç olayı anlatmak istiyorum:

...İlk olay çok basit ve orijinaldir. İnduktorun sıradaki emrini yerine getirmek üzere ön sırada oturan bir genç adamın yanına geldim. "Müsaade ederseniz, iç cebinize..." dedim ve baktım ki adam çok korkuyor. Dinledim... Karşımdaki adamın suçlu olduğunu anladım. Cebini göstermeye yanaşmayacak. O zaman yakında bulunan polisi çağırdım. Polise birkaç kişi yardım etti. Genç adamın cebinden uyuşturucu çıktı, tutuklanması bir şebekenin çökertilmesine vesile oldu. Elbette bu olay büyük oranda tesadüf idi. İnduktor başka seyirciye gitmemi emretseydi beni seyretmeye gelen suçlunun farkında bile olmazdım.

Başka bir olayda, Polonya'nın küçük bir köyüne zengin bir Amerikalı geldi. Elbette o yörenin en iyi evlerinde ağırlandı ve kısa bir süre sonra on altı yaşındaki genç bir kıza âşık oldu ve müstakbel gelin adayına bir pırlanta yüzük alarak evlenme teklifinde bulundu. Dememe gerek var mı, pahalı bir hediye ile desteklenen bu teklif tabii kabul edildi. Başka türlü olamazdı!

Polonya köyüne gelen zengin Amerikalı, masaldan gelen prens gibiydi. Tam da bu zamanda bu köye deneylerimi sunmak için gelmişim.

Kızın anne-babası bana gelip durumu anlattılar. Uzaktan ve yüzeysel gördüğüm bu kişide bir şeyler hoşuma gitmemişti. Seansıma adamı getirmelerini rica ettim.

Geldi, çok havalıydı. Replikler atıyordu, dağınık, serbest oturuyordu. Ona bir soru yönelttiğimde ise kalktı ve çıkışa doğru yürüdü... Ama her şeyi anlamıştım.

"Ceplerine bakın..." diye seslendim.

"Amerikalıyı" gösterdiği tepkisine rağmen yakaladılar. Bir cebinden değişik isimlerle ama aynı resimle birkaç pasaport çıktı, bu pasaportlar hepsi bekâr kişilerin pasaportlarıydı. Diğer cebinde ise bir deste porno resimler vardı. Bu yeterliydi: "Amerikalıyı" tutukladılar. Adam Arjantin'deki genel evlere güzel kızları kandırıp götüren bir şebekenin üyesi idi.

Bu anlatılanlara bir şey eklemek istiyorum: Okuyucu kötüleri yakalamak gibi bir işle uğraştığımı düşünmesin. Burada, hayat boyu süren tecrübemde yaşanan olayları sıraladım. Bir de hayatımda birkaç kez bu tür teklifleri almama rağmen, hiçbir zaman polis ile veya özel ve resmi arama kurumlarla işbirliği içinde olmadım. Yaptığım her şeyi kendimi riske ve tehlikeye atarak yaptım, yeteneklerimi sadece adaletin kazanmasını uğuruna kullandım ve sorumluluğu üstlendim.

Sonraki bölümlerde gerçek medyumlar ve kendilerini gerçek medyum gibi gösteren şarlatanlar hakkında ayrıntılı bahsedeceğim. Maalesef, medyumluk alanında, o zamanlarda sert rekabet olmadan geçinemedik. Kaç kere "meslektaşlarım" gösteri esnasında bana komplo hazırladılar!

Bir keresinde odama genç ve güzel bir bayan girdi. Odam, diğer odalardan izole edilmişti, dışarıda asistanım Kobak beni bekliyordu. İçeri giren kadını gördüğümde hemen anladım... Kibarca, nezaketle kalktım:

"Pani[3], lütfen oturun! Sizin gibi cazibeli kadınlar medyumun odasına hiç gelmezler... Gelince de çok mutlu oluyorum... Özür dilerim, bir saniye, müsaadenizi isteyeceğim, dışarıdakilere bir-iki talimat vermem lazım..."

Çıktım, odaların uzun labirentinde sakince sigarasını içen Kobak'ı buldum.

"Polise koş! Oradan üç kişi al ve geri gel! Odamın içine girmeyin, camından seyredin! Çabuk olun! Sonra her şeyi anlatırım..."dedim.

Odama geri geldim. Bayanı iltifatlara boğmaya başladım. Yardıma yetişmeleri için en azından 5–6 dakika oyalanmam gerekiyordu. Sonunda hissediyorum ki misafirim işini başladı:

" Siz harika şeyler yapıyorsunuz... Benim şu an ne düşündüğümü biliyor musunuz?..."

"Pani ben sahnede değilim... Hayatta sıradan bir insanım... Sadece bir tek şey söyleyebilirim. Bu sevimli kafada, sadece sevimli fikirler olabilir."

"Sizin sevgiliniz olmak istiyorum. Hemen şimdi..."

"Pani! Ama ben evliyim! Çocuklarım var, karımı seviyorum..."

"Ama siz centilmensiniz, bir bayanın isteğini geri çevirmeyeceksiniz!"

Hemen üstündeki giysilerini yırtmaya başlıyor. Sonra pencerenin önüne gelip, camları açıp:

---

3 Bayana hitap şekli. (Lehçe)

"Yardım edin!!! Kurtarın!! Tecavüz ediyor!!!" diye bağırmaya başlıyor.

Elimle işaret verdiğimde kapıdaki polisler içeri daldılar. Kapıdaki camdan her şeyi seyrettiler ve duydular. "Pani" tutuklandı.

Bu olay meslektaşlarımın beni yok etmek için kurdukları komploların sadece biri. Bu olayı Polonya'da çok meşhur olan hiromant Pifelo organize etti. Pifelo avuç içine bakarak fal bakıyordu, tabii bu bir kandırmacadır. Avuç içi falı ile hiç ilgilenmeme rağmen beni kendine rakip olarak görüyordu. Ne mutlu ki bana karşı kurduğu komplolardan hiç biri amacına ulaşmadı...

Çocukluğumla, buluğ çağımla, gençliğimle, delikanlılığımla veda etme zamanı geldi. Sonraki bölümlerde bu yıllarıma geri dönmem gerekecekse de şu an nasıl Sovyetler Birliği vatandaşı olduğumu size anlatmam lazım.

1 Eylül 1939'da Almanların zırhlı ordusu Polonya'nın sınırından içeri girdiğinde, Polonya devleti sanayi ve askeri bakımdan gelişmemiş bir devletti, ayrıca hükümetin başındakilerin devleti sattığını kabul edersek, Polonya'nın kaderi belliydi.

Almanların işgal ettiği topraklarda kalamayacağımı biliyordum. Hayatıma 200.000 mark değer biçilmişti. Bunun sebebi, 1937 yılında Varşova'daki bir tiyatroda gösteri esnasında, eğer Hitler Doğuya yönelirse ölümü yakın diye kehanette bulunmuştum. Kehanetimden Hitler'in de haberi vardı. Aynı gün kehanetimi tüm gazeteler manşetten yayımlamışlardı. Faşist führer kehanetlere ve her tür mistik olaylara hassasiyet gösteriyordu. Hitler yukarıda bahsettiğim gibi kâhin Ganusen'ı yanında boşuna tutmuyordu. Yerimi tespit eden kişiye verilecek olan 200.000 marklık ikramiye kehanetimin sonucuydu.

Ganusen'e değinmişken onunla ilgili birkaç cümle yazmak istiyorum. Şahsen tanıdığım ve gerçekten fikirleri okuyabilen bir kişiydi. 1931 yılında onun gösterisinden önce Varşovalı bir gazeteci bizi tanıştırdı.

Ganusen'in çalışması ilginçti. Ama tam verimli olmak için onun ruhunun coşmuş ve iradesinin odaklanmış olması gerekliydi; seyircilerin hayranlığını ve taptığını hissetmeliydi. Kendimden de biliyorum. Seyircilerini fethettiğinde çalışmak daha kolay oluyor. Bu sebepten dolayı Ganusen ilk iki gösteriyi dürüstçe yapmıyordu. Önceden anlaştığı kişileri davet ediyordu. Sessiz alkışlarla karşılanan Ganusen, sahneye çıkar çıkmaz giriş konuşmasının ilk kelimeleri ağzından dökülürken, arka koltuklardan biri: "Şarlatan!" diye bağırıyordu. Ganusen çok alınmış gibi, hakaret eden kişiyi sahneye çağırıyordu. Onunla birlikte ilk numarasını gösteriyordu. Hakaretçinin hemen "terbiye edilip" medyuma inanmaya başladığını anlatmaya gerek yoktur, gerçekte ise bu kişi önceden anlaşmış bir kişi idi ve Ganusen her gittiği yere onunla birlikte giderdi. Ama seyirciler bu numarayı inanıyorlardı ve alkışlıyorlardı.

Üçüncü numaradan itibaren, Ganusen seyircilerden herhangi biri ile dürüstçe çalışıyordu. Çalışmalarını olabildiğince etkileyici ve çok artistik şekilde seyircisine sunmaya çalışıyordu. Ama gösterinin başında kullandığı kişiler yüzünden bende oluşan güvensizlik duygusundan gecenin sonuna kadar kurtulamazdım.

Bence, doğuştan böyle yetenekleri olan bir kişinin sahtekâr olmaya hakkı yoktur, vicdanen dürüst olmalı. Bu, benim derinden inandığım bir ilke.

1933–1934 yıllarında Yahudi olmasına ve dedesinin sinagogun başında olmasına rağmen Hitler, Hanusen'i kendine yakınlaştırdı... Hitler'in çevresinde dolaşarak, başarıdan başarıya koşan Hanusen, bilmesi gerekenden daha çok şey biliyordu. Bazı çevreler, "astrolojik tahminler" kılıfında Hitler'e tavsiyede bulunmak için onu kullanıyorlardı. Siyasi oyunlarda çok büyük bir risk taşıyan figür hâline geldiğinde ise onu oyundan kaldırdılar. Bir ormana götürüp vurdular. Bu kişinin kaderi çok net ve ayrıntılı şekilde Lion Feyhtvanger'in "Lautenzak Kardeşler" adlı kitabında anlatılmıştır.

Bu şekilde mi yoksa başka şekilde mi bilmiyorum ama Hitler yaptığım kehanet için beni cezalandırmak için mi yoksa tam tersi Ganusen'in yerini doldurmak için mi, yerimi bulan kişiye ödül vereceğini ilan etti. O dönemden babamın evinde, doğduğum yerde yaşıyordum. Kısa bir süre sonra o bölgeyi de faşist askerler işgal ettiler. Varşova'ya kaçmayı başardım. Bir müddet bir kasap dükkânının bodrum katında saklandım. Bir akşam dolaşmaya çıktığımda, yüzüme uzunca baktıktan sonra, cebindeki resmi çıkaran bir subay beni tutukladı. Beni ihbar eden kişiye verilecek ödülü yazan afiş, şehrin her köşesine asılıydı.

"Sen kimsin?"Omuzlarıma kadar uzamış olan saçlarımdan çekerek sordu bana subay.

"Ben ressamım..."

"Yalancı! Sen Wolf Messing'sin! Sen führerin ölümünü kehanet ettin..."

Sol eli ile saçlarımdan tutmaya devam ederek bir adım geriye çekildi. Sonra aniden sağ eli ile çeneme kuvvetli bir darbe indirdi. Bu vuruş bir uzmanın vuruşu idi. Kanla birlikte altı dişimi tükürdüm...

Polis karakolunda otururken anladım ki eğer şimdi kaçmazsam öleceğim... Tüm irademi ve kuvvetimi odaklayarak karakolda bulunan üç polisi de bulunduğum hücrede toplamayı başardım. Müdürden başlayarak kapıda nöbette bulunması gereken memuru kadar herkesi topladım. İrademe baş eğen bu kişiler kamerama girdiğinde, yatağımda kıpırdamadan yatan ben, hemen yerimden hızlıca kalktım ve koridora doğru yürüdüm. Onlar kendilerini toparlamadan, demirle kaplanmış kapıyı hemen kilitledim. Kafes sağlam idi, dışardan birinin yardımı olmadan kuş bile uçmazdı. Ama yardım hemen gelebilirdi... Karakola sokaktan geçen bir kişi de girebilirdi. Acele etmem gerekiyordu... Saman taşıyan bir at arabası ile Varşova'yı terk ettim. Sadece Doğuya gitmem gerektiğini biliyordum. Sadece Doğuya.

"Kahve renkli vebanın" yayılmasını önleyebilecek, dünyadaki tek ülke olduğunu bildiğim Doğudaki ülkeye gitmeliydim. Rehberler sadece geceleri benimle yola çıkıyorlardı. İşte nihayet karanlık Kasım gecelerinin birinde yıldızlar parladı. İşte karşı kıyı, Sovyetler Birliği idi!

Küçük bir kayık sahildeki kuma yanaştı. Kayıktan inmeden balıkçıya elimdeki bir deste Polonya parasını uzattım.

"Al baba! Hayatımı kurtardın" dedim.

"Kendine bırak efendi!" İtiraz etti balıkçı, "Sana lazım olur. Seninle gelirdim, ama çocuklar var! Valizini unutma!"

Elini sıktım, vedalaştım ve ıslak kumda yürümeye başladım. Yeni vatanımın topraklarında yürümeye başladım. Doğuya doğru yürüdüm.

İkinci Bölüm

SOVYET TOPRAKLARINDA

Daha önce hiç görmediğim ve bilmediğim dünyada yaşamak ne kadar ilginç. Özellikle hiç hazırlıksız, saygın bir misafiri bekler gibi karşılayan ve bekleyen kimsenin olmadığı, her şeyi bilen menajerin olmadığı, konuştuğu dilini bile bilmediğin bir dünyada yaşamak çok ilginçtir. Faşist istilasından kaçan binlerce mültecilerle birlikte Sovyet topraklarına ayakbastım. Ülke sınırı Brest şehrinde geçtim ve bir otele geldim. Gişedeki memura

" Bana bir oda lazım." dedim.

" Boş odamız yok."

" Normal fiyatının iki katını öderim."

" Boş odamız yok dedik ya!"

Gişe gürültü ile kapatılıyor...

Otelde yer bulan, görevliye anahtarı teslim eden veya anahtarları alan şanslılara gıpta ile bakıyordum. Tabii bu kişiler Avrupa'daki otellerin lobisinde gördüğüm kişiler gibi değillerdi.

Bunlar sade emekçi insanlar, ellerinde kalın dosyalarla yüzleri kaygılı olan memurlardı. Şapka değil de hepsi kasket takmışlardı. Lüks pardösülerin "makintoşların" yerine alacalı işçi montları göze çarpıyordu.

İlk gecemi diğer kaçaklarla birlikte sinagogda geçirdim, yerde uyudum. Sinagogda boş bir alanı zor buldum.

Nereye gitsem? Ertesi gün bana akıl verdiler; şehrin idari birimi olan "gorkom" şehir komitesine gittim. Orada kibarca, ama mesafeli karşılandım. Sovyetler Birliği'nde, halkın bilincinde batıl inançların yerleşmesini önlemek için, hocalara, sihirbazlara, el falcılarına göz açtırmıyorlardı... Medyumluk de böyle teşvik edilmeyen bir uğraş idi. Bu durum ileride bana çok büyük bir engel oldu!

Yetkilileri yeniden ikna etmem gerekti... Yeteneğimi binlerce kez sergiledim. Yeteneğimde bir fokusun, bir kandırmacının ve üçkâğıtçılığın olmadığını ispat etmek zorunda kaldım. Ama bunları sonra anlatırım.

Nihayet bana güvenen biri bulundu. Sanat bölümü başkanı Petr İvanoviç Abrosimov. O riski ve doğabilecek sonuçları göze alarak, Brest ilçesindeki askerlere konser sunan bir gruba dâhil etti beni. Hayatım yavaşça düzelmeye başladı.

İlk günlerde Rus dilini bilmediğimden dolayı bazı komik durumlara düşmüştüm.

Gösteriden sonra sanat bölümü başkanı bana dedi ki:

"Sağlam çalışıyorsun!"

"Evet, sağlıklıyım. Asla hastalanmam" diye cevap verdim.

Bir başka gün:

"Sizi SK (Merkez Komitenin) sekreteri kabul edecek."

"Sekreterle konuşmak istemiyorum. Seka kendisi gelsin, benimle konuşsun..."

Yabancı ülkede yaşamanın ilk günlerindeki zorluklarına rağmen bana her şey şaşırtıcı, sevinçli ve ilginç geldi. Dünyam yeni renklerle boyandı. Ülkesine yardım etmekten ve ülkesi ile aynı ritimde yaşamaktan memnun olan, ilhamla çalışan, basit otellerde kalan taşralı artistlerle, sade insanlarla yaşamak benim için yeniydi. Çok memnundum, onlarla beraberdim...

1 Mayıs'ı Brest'te kutladık. Herkesle beraber yürüyüşe katıldım. Hayatımda çok sevinçli bir gündü. Kısa bir zaman sonra beni Minsk'e gönderdiler. Burada Panteleyemon Kondretyeviç, Sovyet ülkesinin mümtaz devlet adamı ile tanıştım. Birçok şeyi borçlu olduğum bu kişi ile tanıştığımdan dolayı kaderime minnettarım.

Tüm Beyaz Rusya'yı turne ile dolaştık. Bir gün Gomel şehrinin bir kulübünde sahnede çalışırken, resmi şapka giyen iki kişi yanıma geldi. Yaptığım deneyi kestiler, seyircilerden özür dileyerek beni götürdüler. Arabaya bindirdiler. Bana karşı kötü bir şey yapmayı düşünmediklerini hissettim. Dedim ki:

"Otel odasının parasını ödemem lazım..."

Gülerek:

"Merak etmeyin öderler" dediler.

"Valizimi alsaydım..."

"Valizinize bir şey olmaz..."

Gerçekten de yolculuğumuzun bittiği ilk gecede valizim karşıma çıktı. Otelden fatura da gelmedi, demek biri ödemişti.

Bilmediğim bir yere geldik. Daha sonra anladım ki otelmiş. Orada beni yalnız bıraktılar. Biraz sonra başka bir yere götürdüler ve yine yabancı bir odada kaldım.

Bıyıklı bir adam geldi. Merhabalaştı. Onu hemen tanıdım ve cevap verdim:

"Merhabalar. Sizi ellerimle taşıdım."

"Nasıl ellerinle?" şaşırdı Stalin.

"1 Mayıs'ta, yürüyüşte..."

Polonya'daki durum, Pilsudskiy ve Reçi Pospolitoy'un adamları ile yaptığım görüşmeler Stalin'i ilgileniyordu. O, bana induktorluk yapmadı.

Uzun sohbetten sonra, beni uğurlayan Stalin dedi ki:

"Siz kurnazmışsınız Messing."

"Ben kurnaz değilim," diye cevap verdim, "Gerçek kurnaz sizsiniz!"

M. İ. Kalinin çaktırmadan beni kolumdan çekti. Stalin'le sonra da görüştüm. Galiba onun talimatı ile yeteneklerim kontrol edildi. Hatırladığım denetlemelerden bahsetmek istiyorum.

Temiz bir kâğıt parçası ile Merkez Bankasından 100.000 ruble almam gerekiyordu. Ama bu deneyin sonucu az kalsın trajik olacaktı.

Veznedara geldim ve okul defterinden kopartılmış bir sayfayı uzattım. Küçük valizi açtım ve bankonun önüne koydum. Yaşlı veznedar kâğıda baktı ve kasayı açtı. Yüz bini rubleyi saydı... Kâğıt parçasını bilet olarak görmesini sağladığım trendeki memurla yaşadığım olayın tekrarıydı benim için.

Sadece şu an bunu hiç zorlanmadan yapıyordum. Valizi kapattım, salonun ortasına çekildim. Yaptığımız deneyle ilgili tutanağı imzalayacak olan şahitler yaklaştılar. Bu formaliteyi hallettikten sonra aynı valizle veznedara döndüm. O, bana baktı, ödenmiş çeklerle aynı çiviye taktığı kâğıda baktı, içinden bozmadığımız para destelerinin çıkarmaya başladığım valize baktı... Sonra aniden oturduğu sandalyeye yaslandı ve inlemeye başladı... Kalp krizi geçiriyordu... Ne mutlu ki sonra iyileşti.

Başka bir denemede çok sıkı korunan, yüksek mevkide bulunan bir görevlinin odasına girmem gerekiyordu. Tabii giriş kartı olmadan. Bu denemeyi de kolayca yerine getirdim. Yukarıda anlattığım, polis karakolundan kaçmak daha zordu.

Bu özel "psikolojik deneyler" hakkında hikâyeler Moskova'da yayıldı. "Tehlikeli kişi" olarak görülmeye başladım... Ama ben hayatımda hiç hile yapmadım. "Ya yaparsan? Sana güvenebilecek miyiz?" En iyi ihtimalle muhatabım bunu düşüyordu. Daha kötü düşünenler de vardı, bazıları: "Yalan söylüyorsun! Gözlerim üzerinden çekilince kim bilir neler yaparsın? Böyle yeteneklerin olur da nasıl kendin için kullanmazsın?!

Nihayet "denetlemeler" bitti. Üst makamların parmağı olmadan bitmezdi. Çalışmaya başladım. İlk turneyi Odessa ve Harkov şehirlerine yaptım. Benim için yepyeni olan Sovyet seyircisine alışmaya başladım. Haziran 1941'de Gürcistan'a gittim. 22 Haziran 1941 tarihini dün gibi hatırlıyorum. Önceki gün, cumartesi günü başarılı bir gösteri gerçekleştirmiştim. Pazar sabahı fünikülerle yola çıktık. Nedense canım sıkılıyordu, kendimde değildim, moralim bozuktu. Moskova saati ile 11.30 radyoda Molotov'un nutkunu duyduk. 2. Dünya Savaşı başlamıştı.

Moskova'ya tren ile döndük. İstasyonlar ışıklardan yoksun, karanlığa boğulmuştu. Neredeyse her istasyonda kimlik kontrolü yapılıyordu. Halkın tetikte olduğunu kendi gözlerimle gördüm; ilgi çeken dış görünüşüm ve yabancı telaffuzumdan dolayı birkaç kez yabancı ajan olarak algılandım. Bu durumlardan beni, Rus menajerim yazar Victor Fink kurtarıyordu. Moskova'ya gelir gelmez, sokakta yalnız kalınca – menajerim Fink direkt evine gitmiş idi – beni de tutukladılar. Birkaç gün sonra, bir adresi sorarken gene tutuklandım, bu sefer tutuklayan memur sevimli bir genç kızdı.

Savaşın başladığı günlerde çok sıkıntılı dönem geçirdim. Fazlalık olduğuma dair bir his vardı içimde. Önüme hep bu soru çıkıyordu: Faşist veba ile savaşan ikinci vatanıma nasıl yardımcı olabilirdim? Şahsen orduya katılmayı sağlık durumumdan dolayı aklımdan bile geçiremezdim. Geriye sanatım, yeteneğim kalıyordu. "Ülke bu hâldeyken, Wolf Messing'in 'Psikolojik deneyleri' kimi ilgilendirir?" diye düşünüyordum.

Ama gerçek durum öyle değilmiş. Novosibirsk'e tahliye oldum. Meğer bir yerlerde bulunan bir kişi, Sovyet vatandaşı Wolf Messing ve onun özel yetenekleri insanların ilgisini çekeceğini düşünüyormuş. Hastanedeki yaralılar, işyerinden haftalarca ayrılamayan silah fabrikalarındaki işçiler ve yeni kurulan askeri birimlere katılan erler beni seyretmeyi istediler.

Genelde iş tezgâhlarını bırakıp gelen kişiler salonu dolduruyordular. Gösterim bitince de direkt iş tezgâhlarına dönüyorlardı. Askerler bazen ellerinde silahlarla geliyorlardı. Sanatımla onlara ilham vermek, çalışmak ve savaşmak için yeni bir güç vermek için elimden gelen her şeyi yapıyordum.

Önümdeki sararmış kâğıtların kalın destesine bakıyorum. Aralarından bazıları el yazısı ile yazılmış, diğerleri daktilo ile yazılmıştır, bazıları ise renkli çizimlerle kaplı, sadece matbaa tarafından belirtilen yerde soyadım yazılıdır. Bu kâğıt parçaları benim için çok kıymetli. (Bunlar seyircilerimin notları.) Bu kâğıtlar ülkemin içinde olduğu zor günlerinden kurtulmak için küçük katkımın belgesidir.

Bunlardan bazıları:

17 Haziran, 1942'de V.Messing "psikolojik deneylerini" hastanemizde yatan yaralılara sergiledi. Seyirciler gösteriye hayran kaldılar. Tüm emirler tam yerine getiriliyordu ve alkışlarla eşlik ediliyordu.

Yaralı erler, yüzbaşılar, idari personel ve hastane personeli Messing'e hastanedeki bu gösteriden ötürü teşekkürlerini bildirmektedirler.

Hastane Müdürü, 3 Dereceli Askeri Doktor, Soşina.

Volf Grigoryeviç Messing'in altı gösterisini 6 bin seyirci izledi. Erler, binbaşı ve subaylar pür dikkat izlediler.

Konserler bizi çok etkiledi. Messing, induktorun emrettiği çok zor ve karmaşık görevlerin tamamını harfiyen yerine getiriyordu. Yaptıklarının el becerisi, fokus olmadığını, uzun yıllardır süren ve psikolojinin bir bilim olarak gelişmesini bakımından önem arz eden karmaşık psikolojik çalışmalar olduğunu o ispat etti.

Çalışmalara tanık olan erler, binbaşı ve subaylar adına Volf Grigoryeviç Messing'e şükranlarımızı sunarım ve Sosyalist vatanımızın biliminin gelişmesine katkıları olmasını dilerim.

Topçu Birliği Garnizon Şefi, Tuğgeneral Şurşin

Askeri posta _ 51215 olan askeri birliğin gemicileri, binbaşıları ve subayları, büyük bir ilgi uyandıran, 6 Şubat 1944 tarihinde sunduğunuz iki büyük gösteriden dolayı içtenlikle teşekkür ederler.

Gerçekleştirdiğiniz psikolojik deneylerde gizemli veya olağandışı bir şey yok. Deneyleriniz kendine hâkim olma ve her hangi bir talimatın yerine getirilmesi için tüm iradeyi yoğunlaştırma yeteneğini sergiliyor.

Bir kez daha teşekkür ederiz Volf Grigoryeviç, işinizde başarılı olmanızı dileriz.

Siyasi Bölüm Müdür Vekili,
Üçüncü Derecede Kaptan Norkin.

Sizin deneyleriniz insan beyninin ve iradesinin neler yapabileceklerini gösteriyor. Seyircilerin önünde yaptığınız deneyler büyük ilgi uyandırdı. Bize irademizi güçlendirmeyi öğretiyorsunuz.

Askeri kalbimizden size uzun ömür ve vatanımızın ilerlemesi için ve bilimin ve kültürün gelişmesi için çalışmanızın verimli olmasını dileriz.

Siyasi Bölüm Müdürü Albay Yagodinskiy

Magnitagorsk Devlet Pedagojik Enstitüsü öğrencilerine ve profesörler grubuna gösterdiğiniz deneyler inanılmaz netlikle insan fikirlerini okuma (içten konuşmaları) anlama yeteneğinizi sergiledi.

Sizin deneylerin amacı – insan psikolojisinde gizlenen güçleri geliştirme, iradeyi kuvvetlendirme – takdir edilmeye değer. Özellikle şu an, kahraman iradesi sergileyen Sovyetler Birliği halkının 2.Dünya Savaşının son günlerinde bulunduğu dönemde iradeyi geliştirme ve kuvvetlendirme alanındaki çalışmalar, büyük bir önem arz ediyor. Bu sebepten dolayı çalışmalarınız kişisel gelişim ve terbiye bakımından da önemlidir.

Enstitünün tüm çalışanları adına teşekkürlerimizi sunarız ve vatanımız için faydalı çalışmalarınıza devam etmenizi dileriz.

Savaş yıllarının kokusunu, özelliğini ve benim için önemli olan tekrar yaşanılamazlığını bu sayfaları okuyan kişilere ulaştırmak için sahip olduğum çok sayıdaki takdir ve teşekkür mektuplardan birkaç tanesine burada yer verdim.

O yıllarda gösterilerin yoğunluğunu ve yolların uzunluğunu düşünmeden çok çalıştım. Gösterilerin çoğu parasızdı, hasta erler ve subaylar için hastane odalarında, işçiler için fabrikaların çalışma bölümlerinde gösteri sundum. Birkaç kez gökyüzünün altında gösteri sunmuştum. O yıllarda herkesin çalıştığı gibi çalışmak için çabalıyordum.

Parasal birikimimi en kısa zamanda faşizmin yok edilmesi için ülkeye bağışladım. Birçok kişi o dönemde bağışta bulunmuştu. Bağışladığım paralarla iki tane uçak yapıldı. Bu uçaklar askerlere hediye edildi. Birinci uçak 1942 yılında, ikincisi ise 1944 yılında imal edildi.

1944 yılında Novosibirsk'te deney seansından sonra genç bir bayan yanıma geldi:

"Seansın başlangıcında yaptığınız konuşma, bence, daha değişik yapılmalıydı" dedi.

"Peki, konuşmayı siz yapar mısınız? Bir sonraki gösteri iki gün sonra, hazırlanabilir misiniz?"

" Denemek isterim..."

Gösterinin yapılacağı günden bir gün evvel buluştuk. Onun okuma tarzı hoşuma gitti.

"Sahne için uzun elbiseniz var mı?"

"Yok, koyu renkte resmi bir takım giymeyi düşünüyorum. Bu şekilde giyinmem sizin "Psikolojik deneylerinize" uygun olacak."

Böylece hayatımı paylaşacak olan kadınla Aida Mihaylovna ile tanışmış oldum. Kendisi 1960 yılında vefat etti. Onunla yaşadığım yıllar, hayatımın en mutlu yıllarıdır.

Savaş sona erdiği yıllarda, çok büyük bir saygı ile andığım ve kaybettiğimizden dolayı çok üzüldüğüm bir başka kişi ile tanıştım. Ünlü diplomat ve yazar Aleksey Alekseyeviç İgnatyev.

O, uzun ve karmaşık bir hayat yaşadı. İlkin diplomat olarak, sonra siyasi kaçak olarak uzun yıllar vatanından uzak yaşamak zorunda kaldı ve her zaman her yere küçük bir torbada bir avuç Rus toprağını götürürdü. Her zaman sadık olduğu Rusya'ya uzun bir müddet sonra dönebildi.

Moskova'da eski meydanda oturuyordu. Ona sık rastlardım; beyaz saçlı, ama dinç, sportif, fiziğini muhafaza eden, elinde hep kalın bir dosya ile dolaşan bir kişi idi. Rus tarzında akşam yemeğine davet ettiği günü hiç unutamıyorum. Onun sade dairesinde her yer pırıl pırıl ve düzenliydi. Salonda özel cam vitrinde hayatının değişik aşamalarında aldığı nişan ve madalyonları dizmiş. Çok güzel kurulmuş sofraya bizi davet ettiler. Gümüş kaşıklar, ince porselen tabaklar vardı masada...

Çayın dışında karabuğdaydan, domuz yağından yapılmış tek yemek vardı. Aleksey Alekseyeviç kendisi pişirmişti. Kendisi zaten çok güzel yemekler yapardı. Böyle lezzetli bir karabuğday yemeğini ne evvel ne de sonra yemek kısmet olmadı...

Ne mutlu ki Aleksey Alekseyeviç ile beraber çok zaman geçirdim, o çok iyi bir konuşmacı idi. "Elli yıl askerde" adlı kitabını okuduğumda onun sesini duyar gibi oluyorum.

İlginç insanlarla; yazarlarla, oyuncularla, yaşlı ve genç sosyal faaliyetçilerle çok güzel ve sıcak sohbetlerim oldu. Sadece şu an çalışmak ve yeni bir şeyler yaratmakta olan insanlar hakkında konuşmak doğru olmaz diye düşünüyorum. Bu yıllarda "psikolojik deneyler" gösterisi ile ülkeyi gezdim.

İşime değer veren ve ücretimi ödeyen devletten, hakkımda çok sıkça bahseden medyadan, "psikolojik deneyler" biletlerinin her zaman yok sattığından yola çıkarak gösterilerimi beğendiğini söyleyebileceğim seyircilerden gelen ilgi ve saygının yokluğundan dolayı şikâyet edemem. Sadece bir kitle bana her zaman aynı tarzda davranmıyordu: Bilim adamları.

Bilim adamlarının iki gruba ayırabilirim; taraftarlarım ve karşı olanlar. Hayatımın başında karşılaştığım Prof. Abel'in sırf bilimsel bir merakla beni incelediğini düşünüyorum. Doktor Freyd'in benimle uğraştığını hatırlıyorum. Sovyet akademisyeni P.P. Lazerev'in ilgisi daha az değildi, ama erken vefat etti...

Bilim adamların bir başka kategorisi, beni kabul etmeyi isteyenler ama deneylerimin özünü anlayamayanlar.

1950 yılında çalışmalarımı yöneten "Psikolojik deneylerimi" sunmamı organize eden Turne Bürosu, deneylerimin özünü açıklayan bir metinin hazırlanması amacı ile SSCB Bilimler Akademisinin Filozof Enstitüsüne başvurdu ve bize aşağıdaki cevap mektubu geldi:

SSCB Bilimler Akademisinin Felsefe Enstitüsü SSCB Bakanlar Kuruluna bağlı Sanat Komitesinin Turne Bürosuna.

Gönderdıgıniz mektuba istinaden, V.G. Messing'in gösterilerine giriş olarak okuyabileceği metni gönderiyoruz.

Metin yazarı – Pedogoloji bilimler
Yrd. Doç. M.G. Yaroşevskiy.

Metin Felsefe Enstitüsü
Psikoloji Bilim Dalında denetlenmiştir.

Psikoloji Bilim Dalı Başkanı
Petruşevskiy 17 Mayıs 1950.

Bu yazıya ek olarak Yarşovskiy'in yazdığı metin vardı. Bu metni kısaltılmış hâliyle aşağıda dikkatlerinize sunuyorum.

"Birazdan seyredeceğiniz Messing'in deneyleri Messing'in çok özel yeteneklerinin göstergesidir: Seyircilerden birinin teklif edeceği, kafasında olan düşünce şeklindeki karmaşık emirlerini bile hatasız ve net yerine getirebilir.

İlk bakışta Messing'in başka kişilerin düşünsel emirlerini yakalama yeteneği gizemli ve olağandışı bir yetenek gibi gelebilir. Ama gerçekte Messing olağandışı bir şey yapmıyor. Onun deneyleri maddi bilim tarafından açıklanabiliyor. Deneyleri seyredenlerin akıllarında açıklık olması için ağır ve karmaşık emirleri nasıl gerçekleştirdiğini kısaca açıklayalım.

Düşünce organı beyindir. İnsan bir şey düşünürken, beyin hücrelerinden tüm vücuda dalgalar yayılıyor. Mesela, kişi eline bir nesneyi alacağını düşününce, bu hareketi tasarladığında kolundaki kasların gerginliği değişiyor.

Böylece, Messing'in deneylerinin beyinden başka bir beyine fikir transferinin ispatı olduğunu düşünmek yanlış olur. Fikir beyinden ayrılamaz. Messing fikirleri tahmin edebiliyorsa, sadece fikirlerin, organların ve vücut hâlini etkilediği için ve de Messing bu etkiyi hissedebildiği içindir.

Messing'in deneylerini gözleyerek, diyalektik-maddi teori bakımından bilimsel olarak açıklanamayan hiçbir olgu yoktur".

Bu metin hâlâ gösterilerime eşlik ediyor. Bu sayfalarda netleştirmeden, bu kelimenin arkasında neler gizlendiğini açıklamadan yeteneklerimden bahsettim. Bu konuda bildiğim her şeyi açıklama zamanı geldi. Neler yapabiliyorum?

Kol kaslarının gerilmesi bir gerçek ama hiç önemsiz denecek kadar hafiftir. İddia, fikir motorlu, hareketli boyutta yansıyor. Sovyet fizyolojistler, ünlü akademisyenler İ.Pavlov, K.Bıkov ve diğerlerinin öğrencilerinin araştırmaları gösterdi ki hareket düşüncesi, ilgili kasların kasılmasının dışında vücuttaki kan dolaşımın değişmesini ve hassasiyetin artmasını vs. beraberinde getiriyor. İnsan her hangi bir nesneyi veya bir hareketi vs. düşündüğünde kaslarında oluşan elektriği ölçmek için çok hassas aletler yakın zamanda kullanıldı. Sonuçlar gösterdi ki eğer kişi gözlerini kapatıp yüksek bir şey düşünürse, mesela yüksek bir kuleyi düşünürse, o anda göz elmacıklarındaki kaslar tahrik oluyor. Sanki gerçekten gözlerini kaldırıp yükseğe bakar gibi.

Eğer kişinin diline ve boğazına çok hassas galvanometreye bağlı elektrot yerleştirip, sonra kişiye bir şey konuştuğunu hayal etmesini isterseniz, o anda galvonomertre boğaz kaslarında hafif dalgalanma kayıt edecektir. Gerçekten kişinin birkaç kelime telaffuz ettiğinde oluşan dalgalanma gibi.

Hayallerimiz ve düşüncelerimiz beyin ürünü olması ile birlikte bazı hareketlerle sıkıca bağlantılı olduğunu bilimsel veriler tasdik ediyor. Bu hareketler dediğimiz gibi, hafif, belirsiz olduğundan doğal algılama ile fark edilemez. Ama belli şartlar yerine getirilince onları kayıt edebiliriz. Bugün yapılan deneyler bunun en açık ispatıdır.

İnsanların sezi organlarının algılama derecesi aynı değildir. Hayat ve faaliyet şartlarına göre bazı insanlar bazen çok yüksek ve şaşırtacak derecede hassas algılama duygusuna sahiptirler.

Wolf Messing'in sezi organları çok deneyimlidir, algılama derecesi de çok yüksektir, analitiktir. Onun beyni sıra dışı, hassas, duygusal analiz yapabiliyor. Onun algılama derecesi o kadar yüksek ki insan aklında bir şeyleri düşündüğü an bedeninde olan değişiklikleri hissedebiliyor. Deneye katılan kişinin, Messing'e düşünsel emirler gönderdiğinde Messing, o kişinin beyninden kaslarına giden dalgaları hissetmekte.

Eğer emir çok karmaşık ise Messing kaslarda oluşan seri değişiklikleri sıra ile hissediyor. Bunu gerçekleştirmek için Messing tüm gücü ile sinir sistemini germekte, hiçbir uyarıları dikkate almadan, sadece doğru yolu gösteren uyarıları seçmekte. Dolayısı ile deney esnasında Messing'in tavırları biraz değişiktir. Meseleyi çözmek için çok çaba sarf etmesi lazım.

Üçüncü Bölüm

NE YAPABİLİYORUM: TELEPATİ

Sanki çekirdek çitler gibi başlar o şimdi...
Sahneden herkese sihir üflesin!
Fikirlerimizi öğreniyor, ne fark eder ki ona.
Ama sesli söylemesin,
Madencilerin düşündüklerini,
Çünkü salonda kadınlar da var...
Ben de onlarla beraber,
Harikalardan dilimi yutuyorum,
Ah! Oh! Diyorum, Gözlerime inanamıyorum.

Otobüs çamuru eziyor
Filarmoni[4] otobüsü sulardan geçiyor.
Madencilere gösteri sunmaya
Wolf Messing geliyor.

---

4 Konser salonu

Belki onlar Wolf Messing olmadan yaşayamazlar...
Yolun üstünde bulutlar toplandı,
Wolf Messing geliyor.
Huzur yayılıyor yüzünden.
Madencilerin karanlık
Karmaşık düşünceleri

Sadece bir parçasını aktardığım bu şiiri, yetenekli ve genç şair, Robert Rojdestvenskiy yazdı. Şiirde medyumu göstermiş. Üçüncü bölümde medyum hakkında konuşacağız.

Arkadaşım yazar Mihail Vasilyev - bilimi yaygınlaştıran bilimkurgu yazarı- bana birkaç kez şu soruyu sordu:

"Bunu nasıl başarıyorsunuz? Bunu nasıl yapıyorsunuz?"

Sırf merakından değildi bu sorusu, cevabını bilmesi gerekirdi. "İnsan ve Kâinat" adlı bir kitap serisi için malzeme topluyordu. Üzerinde çalıştığı bölümün adı " İnsan, kendisi ile baş başa" idi.

Ama onun sorusuna nasıl bir cevap verebilirdim? Ne yaptığımı kendim bilmediğim için hiçbir şekilde cevap veremezdim.

Kendi yeteneklerimi, gizemli, olağanüstü ve mistik bir şey gibi sunmaya çalıştığımı düşünmeyin. Olağanüstü, anlaşılamaz bir şey yok. En azından insanın diğer yetenekleri ne kadar olağanüstü, anlaşılamaz ise sadece o kadardır.

Basit bir örnek göstereyim: Körler Ülkesinde olduğunuzu düşünün. Mesela, Gerbert Uels'in hikâyelerinden birinde anlattığı ülkede veya Moris Meterlink'in küçük dramlarındaki olayların yaşandığı ülkede. Ama bizim için bu fantastik bir ülke veya ada insanı sembolize etmeyecek, örneğimizi somutlaştırmak için lazım.

Evet, bu körler dünyasında, görmenin ne olduğunu tahmin bile edilmeyen ülkede siz tek görebilen kişisiniz ve işi için bunu bilmesi gereken meraklı, kör yazar ısrarla size soruyor:

"Bulunduğunuz yerden onlarca, yüzlerce ve binlerce metre uzaklıkta bulunan eşyaları gerçekten görebiliyor musunuz? İnanılmaz! Bunu nasıl başarıyorsunuz anlatır mısınız? Ne yapıyorsunuz?"

Şimdi kafanızı bu sayfalardan kaldırın. Gözlerinizi kapatın. Açın ve bu meraklı yazara görmeyi nasıl başardığınızı anlatın... Arkadaşımın sorusu karşılığında aynı bu durumda kaldım.

Ama yazdığım örnekte siz daha iyi durumda olacaksınız. Görülen nurların özünü anlatabileceksiniz, gözün görüntünün yansıdığı kristalin ve gözün ağ tabakasının nasıl çalıştığını ve sinir uçlarını, aydınlık derecesin ve dalgalın uzunluk farkını algılayan kutu ve kaplar hakkında bir bilgi verebilirsiniz. Yani siz binlerce deneylerden sonra bilim adamların elde ettiği ve nesilden nesile anlatılan ve gerçek bilgi olarak kabul edilen bilgileri anlatabilirsiniz. Eğer siz bu ülkenin topraklarında doğduysanız, göz ile ilgili hiçbir deney yapmadıysanız, hiçbir şey anlatamazsınız ve bulunduğum durumda olursunuz.

Bana şunu soranlar da var:

"Öğretir misiniz, Volf Grigoryeviç!"

Genelde omuzlarımı silkiyorum. Belki bu yetenek, herhangi diğer bir yetenek gibi geliştirilebilir, mesela resim yeteneği gibi. Değişik profillerde değişik okulların olması boşuna değil. Ama eğer insanda resim yeteneği yoksa ne kadar eğitim alsa da şaheser yaratamaz. Kaba bir örnek daha sunmak istiyorum: İlkokul çağlarında sınıfınızda kulaklarını hareket ettirebilen sınıf arkadaşınızı kıskanmadınız mı? Öğrenmek için de çabalamadınız mı? Kıskandım ve öğrenmeye çalıştım ama hâlâ başaramadım.

Belli bir ölçüde his, hayal, fikir, bazen induktorun sözlerini gerçekten algılayan medyumlardan, telepatik algılama yeteneğine sahipmiş gibi davranan becerikli ve beceriksiz üçkâğıtçılara kadar değişik medyumlarla sayısız buluşmalarımızı hatırlıyorum. Bir-iki yardımcın varsa ve biraz antrenman yaparsan "düşünce okumayı" sergilemek hiç zor değildir. Bu tür gösterilere çok şahit oldum. Mesela, sahneye bir bayan ve bir erkek çıkıyor. Erkek gözlerini siyah bir eşarp ile sıkı bir şekilde kapatıyor. Aynı şekilde gözünüzün önünde Betowen'in "Appossionat"ını çalan ve hiçbir şeyi saklamayan müzisyeni tekrar edebilirsiniz. Fokus gösteren bu "medyumlar" bunu kabul etmiyorlar. Telepatiyi sergilediklerini söylüyorlar. Bu, Dik'in, "Velzevul her zaman sigaramı yakar." demesi gibidir. Bu kadar önemli bir işe gölge düşürdükleri için çok üzülüyorum.

Yukarıda bahsettiğim fokus nasıl yapılır? Kadın ve erkeğin, tüm seyircilerin önünde konuştukları, sıkı çalışılmış bir kodlar sistemi vardır. Kadının, erkeğe yönelttiği sorunun içinde erkeğin vermesi gereken cevap vardır. Örnek konuşmada kod sistemi şöyledir:

Kelimeler:

Yanımdaki kim?

Netleştirin, düşünün

Daha çabuk.

Kesin.

Dokundum.

Daha kesin.

Hemen cevap vermeyin, sayın. (dört kelime)

Kodlanmış manalar:

- Askerî
- Albay
- Piyade
- Askeri hassa
- Nişan remzi
- Al Bayrak Nişanı
- Dört

Eğer, diyelim ki "Netleştirin, düşünün" demek yerine, sadece " netleştirin" denilmiş olsaydı, , askerî unvan "Albay" denilecekti; sadece "düşünün" denilseydi, General denilecekti. Eğer kadın "dokundum" yerine "değindim" deseydi, bu "apolet" demekti; "dokundum" "Sovyetler Birliği Kahramanı Yıldızı" demektir; "dokundum" "şapka" vs.

Bilgileri bu tür kodlarla aktarmanın birçok yolu vardır, bilgi sadece kelimelerle değil, kelimelerin sırası, aralarındaki mesafe, ses düzeyi ile aktarılabiliyor. Siz de yanınıza bir yardımcı alıp bu tür fokus yapabilirsiniz. (Rus ilmi yazar Y.Perelman'ın "Fokuslar ve Eğlenceler" adlı kitabında bu tür fokuslar ayrıntılı anlatılmıştır.) Siz sadece yaptığınız fokusu telepati diye adlandırmayın. Fokus, fokustur. Sihirbazın sanatı, büyük bir sanattır, utanılacak bir şey değildir.

"Düşünce okuma" diye adlandırılan bir başka gösteriyi seyretmek nasip oldu bana. Bu gösteride kadın sahnede kaldı, erkek seyircilerin yanına indi. Aralarında bu konuşma geçti:

"Kimin yanında bulunuyorum?"

" Askerî şahıs. Albay, dört tane. Al Bayrak nişanı ile ödüllendirilmiş."

" Şu an kimin yanındayım?"

Seyircilerden birkaç kişi sahneye çıkıp, kadının gözünün sıkı bağlanıp bağlanmadığını kontrol ediyorlar. Evet, gözler hiçbir şey görülemeyecek şekilde bağlı. Sonra bayan seyircilerin arasına iniyor. Seans başlıyor. Kadın sekizinci sıranın yanında geliyor. Kenardaki koltukta ceketinde dört tane nişan kurdelesi ve Sovyetler Birliği Kahramanı Altın Yıldızını takan Albay oturuyor. Yüzü iradeli ve rüzgârda kabalaşmış. Gözlerinde ise olan bitene canlı ilgi okunuyor.

Kadın tane tane konuşarak tüm salonun duyacağı şekilde soruyor:

"Yanımda kim var?"

Sahnedeki erkek aynı şekilde yüksek sesle cevap veriyor:

"Askerî şahıs."

"Netleştirin. Düşünün."

Adamın düşünmesine gerek kalmıyor.

"Albay."

"Hangi birlikten? Çabuk olun!"

"Piyade..."

"Daha net..."

"Piyade Birliği..."

"Ben neye dokundum?"

"Nişan Remzilerine."

"Daha net..."

"Al Bayrak Nişanı ile ödüllendirildiğini simgeleyen kurdeleye..."

"Kaç tane nişanı var? Hemen cevap vermeyin... Sayın, lütfen!"

"Dört."

"Doğru... Şimdi kimin yanındayım?"

Vesaire... Bu şekilde gösteri devam ediyor. Bu diyalog sonsuza dek devam edebilir. Bu tür "düşünce okuma" seanslarını seyredince iki duyguya kapılıyorum. Bir taraftan, salondaki herkesin beğendiği gibi ben de "medyum" ve yardımcısının sanatını ve çalışkanlığını beğeniyorum. Aynı büyük bir zevkle, Dik Çitaşvili gibi, iyi bir sihirbazın el cambazlığını seyrediyorum. Ama bu insanların, Dik Çitaşvili gibi dürüstlüğü ilke edinmedikleri için üzgünüm. Şaşırmış seyircilerin gözü önünde, havada uçuşan yanık sigaralardan dokuzuncusunu yakalayarak, onların güneşin birer parçası olduğunu iddia etmiyor. Tam tersi hangi bakkaldan aldığını büyük bir zevkle sizinle paylaşır. Dik fokuslarını çok iyi yapıyor ve bunu gizlemiyor. Birçok kişi için ulaşılmaz olan manipulyatör sanatını sergiliyor. Mesleki sırlarını da sizinle paylaşmaya hazır, nasıl olsa uzun bir çalışma yapmadan bunları yapamayacaksınız. Mesela, sadece avuç içi kaslarınızı kullanarak 25 kuruşluk madeni parayı masadan kaldırabilir misiniz? Dik Çitaşvili bunu yapınca para nerdeyse avuç içine yapışıyor.

"Mühendis, gri takım giymiş. Elinde dünkü gazete var..."

"Şimdi kimin yanında bulunuyorum?"

"Madenci. Yanında güzel karısı var."

"Kimin yanına geldim şimdi?"

"Bir oğlan çocuk, yedinci sınıf öğrencisi. Okuldan çıkmış buraya gelmiş."

Kadınla erkeğin şu anki diyalogu, sorularla bilginin iletilmesini engelliyor. Ama bu telepati değil. Bu gösteri, beden konuşması gösterisidir.

Sahnedeki kadın, yüzü ve dudakları koyu renk eşarp ile örtülü, seans boyunca tek kelime bile konuşmadı. Değişik seslerle sorular soran ve cevap veren erkek idi. Onun çok nadir rastlanan bir kabiliyeti var: Vücut konuşması. Hiç ağzını açmadan, değişik seslerle, bir de sesin nereden çıktığını belli etmeden konuşma kabiliyeti. Tüm gösteriyi o üstlendi.

Vücut konuşması nadir rastlanan ve enteresan bir kabiliyettir. Anne ve oyuncak bebek konuşması veya küçük bir kızla büyükanne portresinin konuşması şeklinde düzenlenen programlar çok hoşuma gidiyor veya perinin çiçeklerle, ağaçlarla, otlarla konuştuğu masal sahneleri da çok hoş oluyor. Eğer konuşulan konu derin ve esprili ise harika bir gösteri oluyor. Vücut konuşması, tartışılmaz bir sanattır! Sadece bu kabiliyete sahip olan değerli arkadaşlar, kendinizi "medyum" olarak tanıtmayın. Bu, dürüst bir davranış değildir. Sadece yalancı olmanın dışında bir zararı daha var: Telepatiye olan inanç sarsılmakta! Genel güvensizlik de engel oluşturuyor. Benim işime değil, insanoğlunun hayatında büyük önem ifade edebilecek bu doğal olgunun, bilimsel açıdan incelenmesine engel oluşturuyor.

Vücudumu katalepsi hâline sokabileceğimi daha önce anlatmıştım. Bu beceri de Hint yogalarının başarı ile gerçekleştirdikleri bir sanattır. Katalepsi; insan vücudundaki tüm uzuvların hareketsiz kaldığı ve kasların donduğu hâldir. Kendimi bu hâle soktuğumda, ayaklarımı bir sandalyeye, başımı da başka bir sandalyeye koyup, köprü şeklinde yatırabilirsiniz. Bu köprüye yetişkin bir insan oturabilir. Normal hâlimde bu kişiyi bir milimetreye bile kaldıramam. Katalepsi hâlindeyken ise bu kişi üzerimde istediği kadar oturabilir. Onun vücut ağırlığını hissetmem. Bu hâldeyken hiçbir şey hissetmiyorum. Nabzım da hissedilmiyor, nefes aldığım belli olmuyor, kalp atışları da belirsizleşiyor.

Rus fizyolog İvan Pavlov, bu durumu şu şekilde açıklıyor: Genelde bu durum sinirli insanlarda, ani heyecan anında yaşanıyor; isterik hâlinde veya hipnoz etkisi ile insan vücudunun alt kısmındaki sinir-hareket sistemini etkilemeden beyin kabuğunun izole edilerek devre dışı bırakılmasıdır. Birkaç saat süren uzunca bir hazırlık aşamasından sonra bu hâle kendiliğimden girebiliyorum. Hazırlık aşamasında belki farkında olmadan kendime hipnoz uygulayarak tüm irademi avucuma topluyorum. Son yıllarda "Psikolojik deneyler" seansında katalepsi hâline girmiyorum. Ama Polonya'da yaşadığım yıllarda programımın vazgeçilmeziydi. Orada taklitçilerimle çok karşılaşmışımdır, ama onlar bu yeteneği sergilemek için mekanik destekler kullanıyorlardı.

Varşova'da yarı kapalı bir gösteride bu yeteneği, Hint Fakiri müsveddesi sergilemişti. Bu seansa doktorumla birlikte gelmiştim. Seans benim gösterime benziyordu. Omuzları geniş bir adam, "hazır ol!" vaziyetinde yay gibi gerilerek derin nefes aldı ve koltuğa kendini bıraktı. Yardımcıları onun başını bir sandalyeye, ayaklarını başka bir sandalyeye yerleştirdiler. Salonda bulunan seyircilerden kilolu olan biri onun üzerine oturdu. Doktor, sandalyelerin arasında sallanan adamın elini aldı ve nabzını ölçmeye çalıştı, ama nabız hissedilmiyordu. Gerçek bir katalepsi gibi! Ama bir şeylerin yolunda olmadığını görüyordum.

Doktorum "Kataleptik uzmanına" yaklaştı, her iki elini sıra ile tutarak nabzını ölçtü. Gerçekten nabız hissedilmiyordu. O zaman stetoskopla kalbini dinledi. İki saniye sonra stetoskobunu cebine koydu ve:

"Kalbi çok net bir şekilde çarpıyor. Yüz yıl daha yaşayacak. Kalkın, sihirbaz..."

"Kataleptik uzmanının" göz kapakları hareketlendi. Doktor adamın elini çekti. Çuval gibi kabararak ceketin altından küçük çelik top yuvarlandı. Bu topları elleri ile sıkarak "kataleptik uzmanı" kan dolaşımını engelliyordu, avuçlarına doğru kan gitmediği için nabız gerçekten hissedilmiyordu... Tabii bu hâlde birkaç gün veya birkaç saat kalma diye bir şey söz konusu olamazdı. Ellerindeki damarlarda kalan kandan dolayı kangren başlayabilirdi.

"Kataleptik uzmanının" astarı açıklandıktan sonra tüm malzemesini gösterdi: Yüksek yakasının arkasında saklanan ve topuklarına kadar uzunan madeni çubuklar ve korse vardı giysilerinin altında. Bu çubuklar ve korse, kendi vücut ağırlığını ve üzerinde oturan kişinin ağırlığını taşıyorlardı. İşte böylece hakiki psikolojik deneyler bile çok ince ve karmaşık kandırmanın konusu oluyor...

Bazı ülkelerde sıra dışı bilimlerin popüler olduğunu belirtmemiz gerekiyor. Paris'in Büyük bulvarlarında ve Elisey Vadisinde, Berlin'de Unter'den-Linden'de, Londra'da, Stockholm'da, Bonus-Ayres ve Tokyo'da falcıların, medyumların, sihirbazların ve hiromantların kurduğu renkli çadırları görmüştüm. Çadırların renklerini ve desenlerini, kâhinlerin giysilerini etkileyen yerel kültür, işin özünü değiştirmiyordu.

Yukarıda zikrettiğim hiromant Pifelo'yu hatırlıyorum. Belli bir ücret karşılığında muska dağıtıyordu. "Savaşta kurşundan korumak" için, "doğuramayan kadınlar" için, "ticarette başarı" için vesaire birçok konuda yardımcı olmak için muskaları vardı. Pifeloi ise milyoner olmayı başaramadı.

Psikolog Şiller–Mektepli[5] de aklımda. O insanın el yazısına göre kişiliğini, geçmişini ve geleceğini tahmin edebiliyordu. Müthiş imza koleksiyonuna sahip ulu İogan Götte de, insanın şahsi özelliklerine ışık tutan el yazısında, kişiliği ve ruhu yansıdığına emindi. İnsan karakteri bu veya diğer özelliği el yazısına ne derece yansıdığını tespit etmek zor benim için, ama ben eminim ki insanın geçmişi veya geleceğine dair hiçbir şey insanın el yazısından tahmin edilemez.

---

5 Takma ad.

Şiller–Mektepli piyango çekilişinde hangi bilete ikramiye çıkacağını bile tahmin etmeye girişiyordu. Bana bunlar anlatıldığında sadece tek soru soruyordum: Neden psikologun kendisi bu biletleri satın almıyor, en azından yaptığı şüpheli ve riskli mesleğinden kurtulmuş olurdu. Bu soruma genelde cevap veremezlerdi.

Metapsikilogların gizemli derneği de aklımda; ispritizma ve mistisizm derneği. Anlatacağım olay Polonya'da belli çevrelerde ispritizmanın meşhur olduğu 30'lu yıllarda yaşandı. Dernek üyeleri çoğu medyumdular. Bilindiği gibi ispritizma, ölen insanların ruhlarının bazı şartların yerine getirildiğine yaşayan insanlarla bağlantıya geçeceklerine dair inancı benimsiyor. Bu bağlantının en önemli şartı, medyumundur. Genelde bu derneğin ispritizmacıları bir medyumun çevresinde bir odada toplanıyorlardı. İnanmayanlar içeri alınmıyordu, çünkü kuşkucu tavır takınan kişi, bağlantıya geçecek olan ölenin ruhunu olumsuz etkileyebilirdi. Odada bulunan medyumum eğilimine göre görüşmelerin içeriği değişiyordu. Medyumlar, masaya vuruş sesi, masa döndürme, gitar çalma, tahtada tebeşirle yazma sesi, hatta ruhların maddeleşmesi konularında uzmandılar. En basit ihtimalde, vuruş uzmanı medyum bulunduğunda, ruh ile konuşma alfabe vasıtası ile yapılıyordu. Medyum sanki hipnozun tesiri altındaymış gibi transa giriyordu. Bir müddet sonra duvarda vuruş sesi duyuluyordu. Ruh geldim diyordu. Medyum, sesli olarak ona sorular sormaya başlıyordu ve uzun bir vuruş sesleri gelmeye başlıyor ve sayılıyordu. Her seri vuruş alfabedeki bir harfi işaret ediyordu. Harflerden kelimeler oluşuyordu.

Medyumların çağırdığı ruhlar, ulaşılmaz bir yerde bulunan gitarı çalıyorlardı, başka medyumların çağırdığı ruhlar ise mobilyaları değiştiriyorlardı, diğerlerinin ruhları ise tebeşir ile okul tahtasına yazıyorlardı.

Yan Guzin, en kuvvetli medyum olarak kabul ediliyordu. Napolyon'un, İskender'in, Adam Miskeviç'in ruhlarını çağırmayı başarmıştır. Bu kişinin toplu hipnoz yapma yeteneğine sahip olduğunu ve bu yeteneğini kullandığını söylemeye gerek var mı?

Görüşüme göre ispritizma kandırmaca ve şarlatanlık üzerine kurulmuştur. Fridrix Enges "Ruhlar Dünyasında Doğal Bilimler" adlı makalesinde ispritizmayı tüm batıl inançların en yabanisi olduğunu söylemiştir. D.İ.Mendeleyev ispritizmacıların en kurnaz tezgâhlarını açığa çıkarıyordu. Leo Tolstoy, "Aydınlanmanın Meyveleri" adlı komedisinde ispritizmayı eleştirmiştir.

Tüm bunlara birkaç olayı daha ekleyebilirim. Londra'da gittiğim sirk gösterisinde akrobat-hokkabazlar basit ispritizmasal mucizeleri sergileyerek, bunların basit mekanizmalarını açıklamışlardı. Zamanında tüm dünyaya meşhur olan medyum Parker, bir servet kazandıktan sonra, ispritizma hakkında "asrın aptallığı" diyerek gülmüştü.

Sadece bu kitapta değil, her zaman öbür dünyaya ve metafizik güçlere dayanan sıra dışı bilimler hakkında olumsuz fikrimi söylerim. Bunu her zaman yaparım. Onlarca yıl önce Polonya'da verdiğim ve mucizevî şekilde geçenlerde bulduğum bir röportajın, bir kısmını aktarmak istiyorum. Taşralı bir gazetecinin yazdığı röportaj, reklâm koktuğu için özür dilerim, ama cevaplarımın özü net olarak aktarılmıştır.

"Ünlü Medyumun Açıklamaları İle Gizemli Bilim"

(Prof. Messing ile söyleşi)

Hayrete düşüren orijinal gösterileri ile halkımıza tanınan ünlü medyumun kişiliğine karşı duyduğumuz yoğun ilgiden dolayı, Profesörü ziyaret etmeye ve edindiğimiz izlenimleri sizlere aktarmaya karar verdik.

Prof. Messing "Varşovskiy" otelinin zarif odasında bizi kabul etti ve zeki, inceleyen gözleri ile bize bakıp ziyaretimizin amacını hemen anladı.

Zaman darlığından dolayı Profesör, sadece sorduğumuz soruların cevabını verdi.

"Telepatinin ne olduğunu bize açıklayabilir misiniz?"

"Telepati" Yunanca bir kelimedir: "tele" uzak, "patos" duygu, yani uzaktakini hissetmektir, basiretlilik. Telepati, bizim için bir sırdır. Bizden uzakta ve gözle göremeyeceğimiz bir yerde gerçekleşen olayları, yerleri ve insanları görebilme kabiliyeti de telepatidir.

"Hipnozla ilgili ne diyebilirsiniz?"

"Hipnoz bir uyku hâlidir. Hayvanlardaki manyetik olguları ifade etmek için de bu terim kullanılıyor. Gaydenger, Garkotom ve diğer bilim adamlarınca yapılan deneylerin başarısı sinir sisteminin belli bir hâlinden kaynaklanıyor."

"Herkes hipnoz hâline girebilir mi?"

"Hayır. Sinir sistemi hassas olan insanları, histerik insanları hipnotize etmek kolaydır. Aynı yöntemlerle hayvanlar da aynı uyku hâline getirilebilirler."

"Uyutma yöntemleri nelerdir?"

"Bunlar türdeş izlenimlerdir, mesela parlayan bir nesneye bakmak gibi. Hipnotizmacının el hareketleri merkezi sinir sisteminin bazı kısımlarında uyku hâlini getiriyor. Sonra kendini idare etme yeteneği kısmen kayboluyor, sıkça uyku hâlindeyken hareket, duygu ve beyinsel beceride değişiklikler oluyor. Bazıları katalepsi hâline, bazıları ise yüksek duygusallık hâline geliyorlar (hiperestezi), bu durumda uzak mesafede saatin tik tak sesini duyma, yarım metre uzaklıktan hipnotize eden kişinin elinden yayılan sıcaklığı hissetme gibi aşırı hassasiyetlik söz konusudur. Sinir mekanizması incelenirken bilimsel açıdan hipnotizma faydalı olabilir.

"Hipnoz zararlı mıdır?"

"Genel itibarı ile hayır. Ama bu tür deneylerde tedbirli olmamız lazım. "

"Katalepsi hâlindeyken medyum geleceği görebiliyormuş, bu doğru mu?"

"Bunu kendi tecrübelerimden biliyorum. Lodzi'de katalepsi hâlimi sergilerken, seçimlere yarım yıl zaman varken, Prof. Mosiskiy'in ikinci kez cumhurbaşkanı olacağını söylemiştim."

"İnsanın el yazısına göre kişiliğini ve yeteneklerini tespit etmek mümkün mü?"

"Belli bir dereceye kadar bunu yapmak mümkündür. Siz belki şaşırıyorsunuzdur, neden herhangi bir nesnenin adının yazılmasını istiyorum. Bu çok önemli. Çünkü kişi genelde kendi adını düşünmeden, bilinçsiz yazıyor. İşte kalemin bilinçsiz hareketi insanın kişiliği hakkında bir fikir verebilir. Aynı şekilde kişi soyadını da sık sık yazar. Ama bunu talep etmiyorum, çünkü herhangi bir karanlık işlerle uğraşıyor şüphesini uyandırmak istemiyorum."

"Siz şanslı bilet numarasını söyleyebilirmişsiniz?"

"Biliyor musunuz, piyango demek tesadüf demektir. Emin olarak size söyleyebilirim ki telepatinin yardımı ile tesadüfler öngörülemez. Seçtiği biletten ikramiye kazanan medyumu bana gösterebilir misiniz? Eğer böyle insanüstü bir kabiliyet bende olsaydı ne zamandır milyoner olarak hayatımı sürdürürdüm."

Gün içinde yorulmuş olmalı ki profesör yerinden kalktı. Bunu dikkate alarak son sorumuzu yönelttik.

"Telepatik" kabiliyeti olan kişiler çok mu?"

"Evet demek zorundayım!" Emin bir şekilde cevap veriyor profesör. Nasıl ki çoğumuzun değişik yeteneklerimiz vardır, ama kendimiz de haberi yoktur ve bir tesadüf sonucu keşfediyoruz. Bu yeteneklerimizi geliştirmemiz ve kristalize etmemiz lazım. Güzel sesi olan bir insan, profesyonel şarkıcı olmak için konservatuarı bitirmesi gerekiyorsa, basiretlilik yeteneği olan kişi de psikoloji enstitüsünden mezun olması lazımdır."

Söyleşimiz sona eriyor ve Prof. Messing'e ilginç açıklamaları için teşekkür ediyoruz.

Şimon L.

"Okültistleri" yakından gördüğüm için, kulislerden seyrettiğim için, masum insanları kandırmak için kullandıkları gizli mekanizmalarını incelediğim için onların üzerinde bu kadar çok duruyorum. Kandırmayı sevmiyorum. Dolayısı ile Varşova sirkinde çalışan Hint fakiri Ben Ali, bana göre daha çok sempatiktir. Gösteride kendisini hedef alan tabancadan çıkan kurşunları yakalıyordu. Bu gösterinin bir fokus olduğunu gizlemiyordu, doğadışı güçlere dayandığını iddia etmiyordu. Subaylardan biri ona tabancası ile ateş etmeyi teklif ettiğinde o ciddi olarak:

"Pan! Benim yerimde olsaydınız, günlüğü beş altın için vurulmayı göze alır mıydınız?" dedi. Sihirbaz olduğunu gizlememesine rağmen seyirciler onu çok severlerdi.

Ortak hiçbir yönü olmayan mistisizm ve şarlatanlıktan telepatiyi ayırt etmek için bunları ayrıntılı anlatıyorum. Telepati maddecidir. Maalesef bu olgu çok az incelenmiştir. Çünkü birinci sebep telepatiyi şarlatanlar komplo etmişlerdir, çünkü şarlatanlar her zaman gerçek medyumlardan kıyaslanamayacak derecede kalabalıktırlar. Elbette, telepatinin özünü anlamaya çalışan bilim adamları da vardı. Ama birkaç sefer şarlatanlara denk geldikleri için bu olguyu tamamen şarlatanlık diye nitelemişlerdir. İkinci sebep ise medyumlardan kaynaklanıyor. Bir grup medyum, kendi çıkarlarına uygun şekilde yeteneklerini abartarak dedikodulara konu olmayı seviyorlar. Başka bir grup medyum ise yeteneklerini gizliyorlar, diğer bir grubun ise yeteneklerinden hiç haberleri bile yoktur.

Galiba, ünlü uluslararası maceracı asilzade Aleksandr Kalistro'nun belirgin telepatik yetenekleri vardı. Onun gerçek adı, Juzeppe Balzame'dir. 1743 yılında Sicilya'da doğdu, Papa Piya 6'nın emri ile Urbino yakınlarındaki San-Lione limanında sürgün edilmişti ve orada 1795 yılında vefat etmişti. O, her hastalığı tedavi edebilen doktorun, doğa deneycisinin, felsefe taşına sahip simyagerin, kâhinin rolünü oynardı. Herkesi ölümsüz olduğuna ikna etmeye çalışırdı, birkaç bin yaşında olduğunu iddia ederdi. Ne yazık ki ölümünden sonra ne günlüğünü, ne eski yazılarını bırakmadı, ona ait olduğu iddia edilen yazılar sahtedir. Onun gizemli kişiliği Aleksandr Duma'dan Aleksey Tolstoy'a kadar birçok yazarın dikkatini çekmiştir. Ama yazarlar bu kişinin hayalini efsane ve rivayetlere dayanarak yarattılar. Bir zamanlar ben de bu şahısla ilgilendim ve çağdaşlarının bazı yazılarını ve notlarını inceledim. Evet; o, çok kurnaz bir üçkâğıtçıydı, ama hiç şüphesiz onun "başarısının silahları" arasında telepatik kabiliyeti de vardı.

Kalistro'yu muhakkak birinci grup medyumlardan sayabiliriz, yani kendi yeteneklerini abartan medyumlardan. Daha önce bahsettiğimiz, ölen kişilerin ruhları ağzı ile konuştuklarını iddia eden Gannusen-Lautenzak da bu konuda ona akraba idi. Bu kişi ruhların konuşabilmesini sağlamak için sesini değiştirmeyi ve vücut konuşmasını öğrenmeye çalışmıştı. Bu da, öteki de -Kalistro da, Gannusen de- yukarıda belirttiğimiz, yeteneklerini şahsi çıkarları ve amaçları doğrultusunda kullanmaya çalışan birinci grup medyumlardandırlar. Bunların yeteneklerini incelemeye girişen bir bilim adamı mutlaka şiddetli bir itirazla karşılaşır. Kendisini rızası olmadan medyumun yeteneğini ölçmek mümkün mü? Elbette ki hayır!

Ne mutlu ki her medyum Kalistro veya Gannusen gibi davranmıyor. Tamamen başka psikolojiye sahip medyumlar da var. Geçenlerde bana, 30–35 kişinin şahit olduğu, genç amatör medyum Karl Nikolayev ile meşhur telepati düşmanı, beyinden beyine düşüncenin somut transferini reddeden Prof. Aleksandr Kitaygorodskoy'un buluşmasını anlattılar. Telepatiye şüphe ile yaklaşan Sayın Profesörün "Literaturnaya Gazeta"da makalesi yayımlandı. Makalenin esas tezi; düşünce, hayal, hislerin transferini herhangi bir elektromanyetik sahanın etkisi ile açıklayamıyorsak, telepati diye bir şeyin var olması prensip olarak imkânsızdır. Bu makale yayımlanınca telepati kabiliyetine sahip olduğunu bilen bir kişi "Bilim ve Güç" adlı derginin merkezine geldi ve:

"Sadece benimle deney yapması ve gerçeği görmesi için Kitaygorodskoy ile görüşmeye hazırım. Profesör hiç medyum görmemiş demek. Kendisinin hiç görmediği olaylar hakkında bir yargıya varması doğru değil. Onun fikrini değiştirmek için deney tahtası olmaya hazırım."dedi.Bu, davranış telepatinin incelenmesi sorununa yeni bir yaklaşımdır!

Kitaygorodskoy'un telepati olayında hiçbir alanının katılmadığı tezine dair kendi fikrimi söylemek istiyorum. Bu, çok eski ve de çok saf bir itirazdır. Birinci, insanın düşünme süreci esnasında beyinde biyolojik enerji ürettiği eskiden beri bellidir. Bu enerjiyi güzel bir şekilde çekmeyi ve geniş kâğıtlara yazdırmayı başarıyorlar. Kâğıtta dişli zig zag gibi yazılıyor. İnsan ne kadar hızlı ve yoğun düşünüyorsa, çizgiler de o kadar uzun ve sivri oluyor.

Demek bir fikir doğduğunda biyolojik enerji ve ona eşlik eden elektromanyetik saha doğuyor. Neden bunu fikir transferine katılan maddi dayanak olarak görmeyelim? Genelde itirazlar şunlardır: Bu enerji çok az, dolayısı ile ona eşlik eden elektromanyetik alan da küçüktür. Bu gerilim o kadar zayıf ki uzak olmayan bir mesafede bile onu ölçmek imkânsızdır. Ama bu, ciddi bir itiraz değildir. Medyumla yapılan görüşmede Kitaygorodskoy insan hislerinin şaşırtılacak netliğine birkaç örnek sundu. İnsan gözünün ışığın tek kuantumu bile yakaladığını ispat eden Akademik Sergey Vavilov'un deneylerini hatırlattı. Amerikalı işadamlarının sinema filminin tek bir karesine reklâm filmi yerleştirmeyi başardıklarını, seyircinin film esnasında o reklâmı görmediğini, reklâm saniyenin 1/25 gibi bir zamanda gözüktüğünü ama film bitince seyircinin beyninde canlandığını anlattı. Çıplak gözle ayırt edilemeyeceği kadar birbirine yakın bulunan iki noktanın yerinin iç sezinin yardımı ile tespit edilmesi konusunda yapılan çalışmalardan bahsetti. Peki, neden saygıdeğer bilim adamı, başka insanın beyninde doğan biyolojik enerjiye insan beyinin hassasiyeti bizim aletlerin hassasiyetinden daha üstün olduğunu neden bir varsayım olarak kabul etmeyi denemesin? Algılayan mekanizmaya gelen bir veya birkaç kuantum elektromanyetik alanın bir rezonans, bir sel prosedürü oluşturduğunu, doğan beyinde hükmettiği hislere benzer hislerin yarattığını ve kuvvetlendirdiğini neden varsayım olarak görmüyoruz?

Elektromanyetik alanın biyolojik enerjisini bilgi taşıyıcı olarak kabul etme görüşünün ikinci eleştirisi biyolojik enerji düşünce prosedüründe önemli bir öğe olmadığı, fabrika borularından çıkan tütün gibi yan vaka olduğu düşüncesidir. Buna zevkle katılıyorum ama hatırlatmak isterim ki borudaki tütüne bakarak da fabrikanın üretimi ile ilgili birçok fikir edinebilirsiniz. Marten fırınlarının tütünü uzmanına çeliğin imal edildiğini bildirir. Çimento fırınlarının tütünü bu tütünden farklıdır. Maden, cıva işlenen fabrikaların tütünü merkezi ısıtmalı fabrikalarından farklıdır ve yeniden, benzerlikler metodu ile tartışarak (karamsar bilim adamları ile başka hangi metodu kullanarak tartışabilirim) diyebilirim ki bazı insanların sadece bu "tütünü" algılamakla kalmayıp, bu tütünlerin nedenini ve fabrikanın ne imal ettiğini tahmin edebilen hassas algılayıcıya sahip olduğunu neden ileri sürmeyelim?

Üstelik telepatik olguların elektromanyetik doğasını fizik-matematik bilimlerin doçenti Bernard Kajinskiy ileri sürmüş ve üzerinde çalışmıştır. Bu ilginç insana dair bana çok şey anlatıldı ama maalesef onunla tanışmak kısmet olmadı. Şimdi ise bu imkânsız. Çünkü kendisi 1962 yılında vefat etmiştir. K.E. Sielkovskiy, V.M.Behterev, P.P. Lazerev ile arkadaş olan, V.L.Durov'un hayvanları eğitme çalışmalarına katılan olağanüstü bilgili bir insandı. Bazı insanlar onun da bazı telepatik özelliklere sahip olduğunu iddia etmekteler. A.P.Belyaev'in ünlü ilmi-fantastik romanı "Dünya Hükümdarı"nın kahramanlarının birinin ilk örneğidir. Bilindiği gibi Belyayev'in romanındaki mühendis Kaçinskiy, düşünce transferi problemi ile ilgilenmektedir.

"Dünya Hükümdarı" romanı 1928 yılında yazılmıştır. Ama daha 1923 yılında B.B.Kajinskiy'in " Düşünce aktarımı"(sinir sisteminde dışarıya yansıyan elektromanyetik uyarıların oluşmasını sağlayan faktörler) adlı kitabi yayımlandı. 1962 yılında son kitabı "Biyolojik Radyo Bağlantısı" yayımlandı. İki kitabı birbirinden ayıran zaman zarfında, neredeyse 40 yıl, bu bilim adamı bir dizi bilim dallarındaki -psikolojiden radyo elektronik alanına kadar- gelişmeleri takip etti ve kendi hipotezine yeni deliller buldu. Tezini tamamen ispat etmek için kendisi de yüz binlerce çeşitli deneyler yaptı.

Buldu mu? Kajinskiy bulduğunu düşünüyordu. Ayrıca Durov ile beraber radyo dalgalarını geçirmeyen topraklanmış madeni kafeslerden hayvanlara telkin etme seansları uyguluyordu. Odanın kapısı açıkken telkinler amaca ulaşıyorlardı, kapı kapatılınca ise deneyler sonuç vermiyordu. Ama bu deneylerin bu serisi bana inandırıcı gelmiyor, çünkü Petersburg'lu bilim adamı L.L. Vasilyev'in deneyleri tam tersi bir sonuç verdiler. Radyo dalgalardan izole edilen kamera düşünsel emirlerin yerine getirilmesine engel değildi. Dolayısı ile elektromanyetik veya somut olarak radyo dalgaları aracılığı ile düşüncenin aktarımı veya transferi hâlâ bir hipotez olarak kalıyor. Elektromanyetik alanın düşünce transferine vesile olup olmadığını tartışılmayacak şekilde net olarak tespit etmek lazım. Kendi açımdan diyebilirim ki induktor ile şahsi bir bağlantım var mı, yok mu benim için fark etmez, yani elinden tutuyor muyum, tutmuyor muyum fark etmez. Çoğu medyumlar insanın elini tutarken düşüncelerini daha iyi dalıyorlar. Belki bu veri gerçeğin bulunması için yardımcı olabilir?

Elektromanyetik alanın hiçbir alakası olmadığı tespit edilirse o zaman ne yapacağız? Telepatik olgulardan sorumlu olacak başka bir alan mı bulamamız gerekecek? Onu bulacağız ve inceleyeceğiz. Ona sahip olmak, elektromanyetik alanın bize sağladığı imkânlardan daha az şaşırtıcı ve faydalı olmayan imkânları önümüze açar. Hatırlayın Genrih Gres, 1886 yılında radyo dalgalarını keşfetti. Yüz yıldan daha az bir zaman sonra radyo, televizyon, radyolokasyon, yoğun enerji ile güçlenme vs. keşif edildi. Bugün daha keşfedilmeyen alanın bize yeni imkânlar sunacağını neden beklemeyelim?

Nedir bu alan? Tabii bu soruya cevap veremeyeceğim. Ünlü Rus bilim adamı Kozırev'un iddiasına göre bu alan çekim alanıdır. Başka bilim adamlar da bu fikri paylaşıyorlar. Çekim dalgaları için sınır ve şeffaf olmayan ekranlar yoktur ve "telepatik dalgalar" diyebileceğimiz dalgalar da bazı deneysel verilere göre her türlü engeli geçebilirler. Onlar bu benzerliklerle ile iddiasını destekliyorlar.

Bir başka Rus bilim adamı, tıbbi bilimlerin doktoru V.A.Kozak bu sorunsal ile ilgili şunları yazmıştır: "Her günün bize yeni keşifler getirdiği, fizikçilerin fonksiyonları tespit edilemeyen çok sayıda yeni atomları öğrendikleri bu zamanda, fonksiyonları belli olmayan bu parçaların görevleri arasında düşünceleri aktarma fonksiyonu olduğunu doğal olarak düşünebiliriz."

Belki de biz, bu yeni alanla ilgili veya bu parçalarla ilgili bir şey bilmiyoruzdur veya daha seksen yıl önce radyo dalgalarla, elektromanyetik alanın büyük bir tayf dilimi ile ilgili hiçbir şey bilmediğimiz gibi telepatinin özel mekanizmasına dair bir şey bilmiyoruzdur.

Esas konudan bu kadar uzaklaştığım için okuyucumdan özür diliyorum. Beni uzman-yazar olarak değil, sadece sorulan sorulara net, açık ve şeffaf cevapları vermeyi amaçlayan ve cevaplarını ifade etmesi ile övünemeyen bir kişiyi bağışlamanızı diliyorum...

Evet, üç grup medyum olduğunu söylemiştik ve ilk grup medyumlara örnek göstererek neden bu gruba ait medyumların kendileri öz alanlarından yapılacak incelemelere engel olduklarına değinmiştik. Şimdi yeteneklerini saklayan medyumlardan söz etmek istiyorum.

Tarihimizde birçok yetenekli diplomatlar var. Onlarla görüşme yapmak çok zordur: Düşmanlarının düşüncelerini bir şekilde çözüyorlardı, en kurnaz planları öğreniyorlardı. Sıradan bir hipotez olarak tahminde bulunalım: Bu diplomatlardan bazılarının sadece gizli ve sıradan ajanlarının getirdiği bilgilerle, analitik ve kıyaslama çalışmalarıyla kalmayıp düşmanın düşüncelerini okuma silahına sahip olduklarını düşünelim. Sizce onlar bu yeteneğini açıklarlar mı? Bu tür vakalar az değildir. Evet, bu özellik birçok işte faydalıdır, ama sadece kimsenin bunu bilmediği zamanlarda. Eminim ki Batı'daki medyumların çoğu için, en yakınlarına bile bu yeteneği açıklamak rekabet korkusu açısından kârlı değildir.

Elbette bu durum da insan faaliyetlerinin bu karmaşık alanını incelemeye bir engel oluşturuyor ve nihayet üçüncü ve son grup, bu yeteneğe sahip olduğunu bilmeyenlerden oluşuyor. Sınır birliklerinde görevini yerine getiren onbaşı ile ilgili bir olay aklıma geldi. Titiz bir asker ve iyi niyetli bir dost olan bu kişi, kaçakçıların baş düşmanıydı. Evrakları, altını, dövizi, uyuşturucuyu nereye saklasalar da hemen ilk bakışta buluyordu. Kaçakçılıkla şüphelenen kişinin yanına gelir, gözlerine bakar:

"Sol çizmesine bakın, topuğunu oynatın..." derdi.

Veya:

"Valiz çift dipliymiş, içeri mi açılıyor dışarı mı? E, dışarıya, çok iyi! Bana tornavidayı verir misiniz?"

Onbaşıya gizli yerleri nasıl bittiği sorulunca ise:

"Kendim de bilmiyorum. Ama ilk baktığında hemen yanlış bir şeylerin döndüğünü hissederim, sonra da nerede sakladıklarını buluyorum."

Dikkatli sınır muhafızına çok değer verirlerdi, yeni gelen erlere onbaşıyı örnek gösterirlerdi.

"Sınırda dokuz yıl çalışmak, işte budur tecrübe!" demeyi severlerdi.

Biliyorum ki tecrübe ile alakası yok. Hemen olmasa da çok yakın bir zamanda bu onbaşı her şeyi gören Argus gibi oldu ve bu doksan sekiz gözü ona telepati verdi.

Evet, onbaşı kaçakçıların düşüncelerini okuyordu ve hemen nerede neyi sakladıkları belli oluyordu. Sınır görevlisinin yanında bulunurken insan gökyüzünün maviliğini veya sevgilisinin göz rengini düşünemiyor. Muhakkak sakladığı yasa dışı ürünleri düşünür. Onları ne kadar çok düşünürse o kadar da kendini ele veriyor.

Saklanmış eşyaları aramak gösterilerimin en sıradan numarasıdır. "Psikolojik deneylerin" vazgeçilmez parçasıdır. Berlin sirkinde kariyerim bu aramalarla başlamıştı.

Elbette, onbaşı medyumdu. Ama bu yeteneğinden kendisinin bile haberi yoktu ve eğer psikolojik deneylerimi seyretseydi; dürüstçe ve içtenlikle alkışlardı beni, diğer seyirciler gibi şaşırırdı olan bitene, kendisinin de bu yeteneklere sahip olduğunu hiç anlamadan. Maalesef onu anlatan gazete makalesini muhafaza etmedim ve onbaşının adını da hatırlamıyorum...

Bu medyum da konuyu inceleyen bilim adamlarına yardımcı olamazdı. Ama bu olgu muhakkak incelenmelidir!

Önümde bir demet gazete kupürleri var. Sovyet ülkesinde yaşadığım yıllarda bu kupürler çoğaldı. Bunlar, gösterilerime dair makaleler. Bu kitapta hangilerini yayımlama konusunda karar vermek amacı ile onları birer birer inceliyorum. Zor mesele! Makaleler birbirine çok benziyor. Özellikle ana bölümü. Hiçbir makale İ.M.Seçenev ve İ.P.Pavlov'un ismini zikretmeden sona ermiyor. Okuyucularım ve seyircilerimin bildiği giriş konuşmasının özetini makalelerin hepsi içeriyor. Sadece başlangıçları farklıdır. Burada yazarlar kendi izlenimlerine ve kendi fikirlerine yer veriyorlar. Anlatımımı tamamlamak için bir örnek eleştiri makalesini burada aktarmak istiyorum. Kimseyi etkilemek için ne gazete adını ne de yazar adını zikir etmeyeceğim.

"İNSANIN DÜŞÜNCE DÜNYASI"

VOLF MESSİNG'İN "PSİKOLOJİK DENEYLERİ"

Satranç tahtası üzerinde gözleri bağlı bir kişi gergin bir şekilde düşünmekte. Sonra emin hareketlerle bir-iki figürün yerini değiştiriyor ve hayali düşmanını mat ediyor. Bir de eklememiz gerekir ki bu kişi daha önce hiç satranç oynamamıştır.

Sayın okurum, sonuç çıkarmak için acele etme! Çok hassas algılama becerisine sahip ve analiz yürütebilen Wolf Messing'in deneyleri ile tanışarak tüm bunlara kolaylıkla inanabilirsin. Gerçi tek başına, dışarıdan yardım almadan Wolf Messing kimseyi mat edemezdi. Onun induktora, yani somut olarak temasta bulunan (induktor Wolf Messing'in elini sıkıca tutuyor) ve ona düşünsel emirleri veren kişiye ihtiyacı var. Kendisi ile temasta bulunan induktorun fikirlerini Wolf Messing nasıl tahmin edebiliyor? İ.M.Seçenov, sonra İ.P. Pavlov beyin fonksiyonlarının temelinde reflekslerin olduğunu tespit ettiler. Şartlara bağlı reflekslerin sayesinde beyin her zaman değişen dış çevre ile esnek bağlantılar kuruyor. Tabii olarak beyin çalışması tüm vücudun çalışmasından bağımsız değildir. Tam tersi çeşitli sinirlerin aracılığı ile tüm vücudu yönetiyor ve tüm organlarla bağlantı içindedir. Mesela siz bir dakika sonra yapacağınız koşuyu düşünürken kalbiniz hızlı çarpmaya ve ayak kaslarınıza daha çok kan göndermeye başlıyor. Siz düşmanınızı aklınızdan geçirirken elleriniz kendi kendine geriliyor ve avuçlarınız yumruk oluyor. İnce bir tahtanın üzerinden geçerken düşmeyim, "dikkat etmem lazım" gibi bir fikir kafanızdan geçince kazaya yol açabilecek, iradenizin dışında hafif bir dengesizlik dalgası geçer vücudunuzdan. Zor fark edilen çeşitli kasların hafif hareketleri düşüncelere eşlik ediyorlar, buradan da bu olgunun adı "iddiamotorikadır".

İşte vücudun bu hafif hareketleri induktorun düşünceleri ile dikte edilmiştir ve düşünceleri öğrenilmesinin kaynağıdır. Bazı seyirciler, gerçekten Wolf Messing'in belli bir mesafeden düşünsel emirleri aldığını düşünürler. Bu tür bir düşünce tamamen yanlıştır, çünkü o saklanan bir nesneyi koku, dokunma, duyu ve diğer organlarının hassasiyeti sayesinde buluyor. Eğer Messing uzak bir mesafeden induktorun düşüncelerini yerine getiriyorsa, bu induktorun düşüncesinin hareket organlarını ve tüm vücudunu etkilediği içindir, Messing organlardaki bu dalgaları direkt hissetme yeteneğine sahiptir. Eğer insanlar uzun yıllar boyunca bu hislerini bu yönde terbiye etselerdi onlar da belli seviyeleri yakalarlardı. Bu şekilde kör insanların koku, duyu ve diğer bazı organların algılama hassasiyeti yükseliyor. Zor fark edilen hareketlere yansıyan düşüncelerin öğrenilmesi için virtüözlük derecesine kadar hisleri ve kas hareketleri algılama becerinizi geliştirmeniz lazım.

Wolf Messing, bu şekilde antrenman görmüştür ve mutlaka doğal yeteneğe sahip bir kişidir. Messing'in seansları ondan sinirlerin yüksek dereceye kadar gerilmesini talep ediyor. Bazen dışarıya yansıyan heyecanının, özellikle induktorun düşünceleri karıştığı zaman ve onları sesli ifade etmeye başladığı zamanlardaki telaşının nedeni budur. Ama deneylerin çoğu, salonda bulunanlar arasında hayranlık ve şaşkınlık yaratacak şekilde başarıyla gerçekleşiyor. Mesela Messing seyircilerden birinin, salona geçip, arkadaşlardan birini sahneye getirip, cebinden mendilini çıkarıp, oradaki numaralandırılmış kâğıt destesini çıkarıp, arasından 4 ve 1917 sayısını, yani Kızıl Devrim yılını, oluşturabilecek şekilde kâğıtları seçme isteğini rahatlıkla yerine getirdi. Pratikte daha zor meselelerle baş etmek zorunda kalıyordu Wolf Messing. Bunun dışında, duyguların karmaşıklığı ve çeşitliği içinde her zaman yabancı uyarılardan soyutlanmayı ve induktorun doğru yolu gösteren sinyallerini seçmek ve ayıklamak zorunda kalıyor.

Messing'in deneyleri olağandışı ve gizemli bir olgu değildir, tam tersi insanın psikolojik faaliyetlerine dair dini mistisizmi ve batıl inançları çürütüyor. Messing'in deneyleri, maddi bilim tarafından açıklanamayan hiçbir olgunun var olmadığını bir kez daha ispat ediyor."

Şimdi ise daha geniş bir aktarmaya yer vermek istiyorum. "Sağlık" dergisinin 1963 yılındaki 3.sayısında yayımlanan makaleyi, hiç kısaltmadan, buraya yerleştiriyorum. Makalenin adı " Messing'in Deneyleri ile İlgili", yazarı Profesör G.İ.Kosisskiy'dir. İşte makale:

"Yıllar önce Messing'in bir seansına katıldım. Sunucu Messing'in kâğıda yazılıp, seyircilerden seçilmiş jüriye iletilmiş tüm ödevleri yerine getireceğini anons etti. Ödevlerin doğru olarak yerine getirildiğini jüri denetleyecekti. Ödevlerin yazıldığı kâğıtlara Messing'in bakmadan, yazılanları düşünce yardımı ile öğrenecekti.

Salonda sessizlik oluştu. Gerçekten düşünce insandan insana aktarılacak mı? Bunu gerçekleştiren özel elektromanyetik dalga veya ışınlar mevcut mu?

Bu konuda şahsen emin olmak istedim ve bir yazı gönderdim. Ödev çok karışık idi. "13.sıradaki ek sandalyeyi sahneye getirin. 16.sırada 10.koltukta oturan kızın cebinden iki adet kimliğini çıkarın. Birinci kimlik numarasının rakamlarının toplamını, ikinci kimliğin geçerlilik süresini gösteren rakamla toplayın. Diğer cebinden elde ettiğiniz rakama eşit parayı çıkarın ve getirdiğiniz sandalyenin sol ön ayağının altına koyun."

Beni sahneye çağırdılar. Messing elini tutmamı ve ödev üzerinde odaklanmamı istedi. Projektörün parlak ışığı gözlerimi körleştiriyordu. Ben Messing'in ellerini tutarken, o yanımda duruyordu. Aniden, beni yanına çekerek, sahneden salona doğru yürüdü, 13.sıradaki ek sandalyeyi aldı ve sahneye getirdi. Yeni ortama alıştıktan sonra yeni deneyime başlamaya karar verdim. Messing'in dirseğini tutan elimin bu zaman zarfında kontrolsüz kaldığını fark ettim. Kaslarımı gevşettikten sonra ona vereceğim emri düşünmeye başladım.

Dışarıdan bakınca acayip gözüküyor olabilirdi. Donuk bakan bir kişi yerde oturuyor, diğeri ise çevresinde dolanıyor. Messing onlarca ufak, fark edilemeyen, çeşitli yönlerde birçok hareket yapıyordu, bir saniyeliğine donuyordu, bana iyice bakıp yeniden başlıyordu. Elim cansız kaldı.

"Kendinizi düşünmeyin! Kendinizi düşünmeyin!" bir adım atamayacak durumdayken sessizce bana bunları söyledi. O, yanılıyordu; ben ise kendimi düşünmüyordum, ödev üzerinde o derece yoğunlaşmıştım ki çevremdeki hiçbir şeyi fark etmiyordum.

Bu anda anlaşıldı ki düşüncem ona aracısız iletilemiyor, elimin uyarısı ile o fikrimi algılıyor. Çeşitli yönlerde onlarca ani hareketleri yaparak, o anında her biri için tepkimi değerlendiriyor.

Anlaşılıyor ki tesadüfen o gereken yönde hareket ederse benim tepkim değişik oluyor. O gereken hareketi devam ediyor ve benim reaksiyonumu takip ediyor. Bu düşüncenin transferi değil, düşünceyi tahmin etmektir.

Elimin hareketini Messing'in algıladığını anladım. Böyle mi acaba? Onun hareket yönü doğru olduğu her an hafifçe elini sıkmaya başladım. Messing canlandı. Gereken yönde hareket ettiğinde elimin zor algılanan sıkmasını hissetti.

16.sıradaki kızı buldu, sahneye getirdi (gerçi ödevde bu yoktu) ve yeniden onlarca ufak hareketler yapmaya başladı. Elleri ceplerin yanında olduğu zaman, yeniden elimi hafifçe sıktım, o anında cepte neler varsa hepsini dışarı çıkarttı ve masaya koydu. Bir anda tüm eşyalara sırayla dokundu ve kimliklere dokunduğu an yeniden onun elini sıktım ve kimlikler (bir anda) bir kenara koyuldular. Onları açtı ve kalemler rahatça satırlarda dolaşmaya başladı. Kalem gereken rakamın yanına geldiğinde elimi sıktım. Diğer kimlikle aynısını tekrar ettik. Sonra aynı yöntemle dikkatini paraya çektim ve nereye koyulacağı konusunda ona yardım ettim. O, ödevini yerine getiriyordu ama bir deney yaptığımı tahmin edemiyordu.

O zamandan beri uzun yıllar geçti ve belki bu olayı hatırlamazdım, eğer dergiden okuyucuların sorularını cevaplama teklifi gelmeseydi.

Onlardan bazıları aynı soruyu soruyorlar. Bir düşünce insandan insana aracısız ulaşabilir mi? Medyuma gönderme yapıyorlar. Örnek olarak Messing'in ve diğer kişilerin deneylerini gösteriyorlar.

Medyumları görmedim ve onları eleştirmeyeceğim. Messing'le ilgili ise tüm kararlılığımla altını çiziyorum ki deneylerinde gizemli hiçbir şey yok. Telepati ile de hiçbir alakası yok.

Bizim düşüncemiz, beynimizin ürünüdür ve ondan bağımsız olamaz veya maddeden bağımsız olamaz. Sadece maneviyata inananlar düşüncenin saf bir şekilde, yani maddeden bağımsız var olduğuna inanırlar. İnsan kendi düşüncesini başkasına aktardığı zaman o düşüncenin maddi, tartılabilir, görülebilir, duyulabilir taşıyıcılarını (masa, metin, işaret vs.) aktarıyor.

Fizyoloji bilimi tartışmasız ispat etti ki düşünce, insan vücudunun oldukça karmaşık ve ince sinirsel faaliyetinin sonucudur. Ama düşünce oluşmayabilir. Bizim dile getirmediğimiz, içimizde sakladığımız birkaç düşüncelerimiz, heyecanlarımız, hislerimiz vardır. Bu durumda düşüncenin dışsal, görülebilir ifadesi yoktur, ama sinirsel faaliyetimiz vardır, özel aletlerle beynimizin çalışmasını inceleyerek bunları kayıt edebiliriz. Gerçi bugün biz düşüncenin içeriğini öğrenemiyoruz. Yalnız araştırmaların gösterdiği gibi, gizli, dile getirilmeyen düşüncenin bir takım dışsal yansıması vardır, ama o kadar zayıf ki genelde onları hiç fark edemiyoruz.

Rus fizyolojisinin kurucusu İ.S.Seçenov, her tür düşüncenin kas hareketine bağlı olduğunu yüzyıl önce tespit etmişti. Dile getirmeden bir şey düşünürken gerçekleşen kasılma, gizli ve zor fark edilen bir harekettir. Özel bir aletle elin hafif hareketlerini kayıt eden Seçenov, insan daire çizdiğini hayal ettiği zaman, el kaslarının dairesel hareketler yapıyormuş gibi uyarıldığını ispat etti.

Ama bu durumlarda da düşüncenin görünür bir ifadesi olmadığı zaman, düşünceye eşlik eden hareket vardır. İ.P. Pavlov bu gerçeklerin altını birkaç kez çizmiştir.

"Uzun yıllar önce tespit edilmiştir ve ilmi açıdan ispat edilmiştir ki" yazıyor o "belli bir hareket hakkında düşündüğünüzde siz iradeniz dışında farkında olmadan o hareketi yapıyorsunuz." Fokus'taki bilmediği bir problemi çözmeye çalışan bir kişi de aynı durumda bir yere gidip, yardım etmeyi düşünmeyen ve istemeyen ama meseleyi bilen başka bir kişinin yardımı ile bir şey yapmak istiyor. Yalnız somut bir yardım için birinci kişinin ikinci kişiyi elinden tutması yeterlidir. Bu durumda ikinci kişi iradesi dışında, kendisi de farkında olmadan birinci kişiyi sonuca doğru itiyor ve ters yöne gitmesini önlüyor.

Bu hareketlere bilimde "ideomotorlu akitler" denilmekte. (Yunanca'dan gelen "iddia" düşünce ve Latince "motor" hareket ettirendir.) Kaslar, beyinden hareket sinirleri ile ulaştırılan uyarılarla hareketleri gerçekleştiriyorlarmış gibi kasılıyorlar. Bu uyarıların iletilmesine her zaman bio elektrik potenseallerin doğması eşlik ediyor.

Elektronik aletlerin yardımı ile bu potensial kolaylıkla ölçülebilir. Böylece bilim adamları, denek kafasında problem çözmeye başladığında ses tellerinde, hareketi hayal ettiğinde kol kaslarında ve yazı yazdığını düşündüğünde dudak kasları ve sağ elinde potensial kayıt etmişlerdir.

Tüm bunlar gösteriyor ki bizim düşüncelerimiz saklı, dile getirilmedikleri hâlde bile ilgili kasların uyarılmasına vesile oluyorlar. Peki, biz neden bu etkiyi, kural olarak, görmüyoruz? Messing'in deneylerini olağanüstü kılan nedir? Bu deneyleri neden bizden biri gerçekleştiremiyor?

Çünkü düşüncenin yarattığı kas uyarılması çok zayıf ve belirsizdir. Onları fark etmek için hassas aletler gerekli veya uzun süreli özel antrenmandan sonra bunu başarabilirsiniz.

Hafif kas uyarılarını algılama kabiliyeti doğuştan tabii bir yetenektir, ama uzun çalışmalardan sonra herkesçe geliştirilebilen bir yetenektir. Deneyciler, kokunun on binlerce çeşidini ayırt ediyorlar. Kör insanların koku alma ve dokunma hissi çok gelişmiştir. Antrenmanlar olağanüstü sonuçlar verebilir. Akademisyen-fizyolog İ.S. Berketov köklerin bazı nesneleri uzaktan hissetme becerisini ölçmek için bazı deneyler yaptı. Bu deneyler sonucunda görme organından yoksun olan insanların uzun mesafeye rağmen büyük ve kalın nesneleri (duvar, tahta tabelaları) hissedebildiği tespit edildi. İnce ağı ve yumuşak nesneleri hissedemiyorlar ve onlara çarpıyorlardı.

Kör insanlar nesneleri, nesnelerin ses yansıtmasından hissedebiliyorlar. Normalde bu yansıma o kadar zayıf ki insanlar fark etmezler ve nesneleri nasıl hissettiklerini anlatamazlar.

Doğa her birimizi fazlası ile imkân ve yeteneklerle ödüllendirmiştir, ama bunların çoğu gelişmeden ve gerçekleşmeden kalıyor. Bu şaşırtıcı yetenekleri ve olağanüstü imkânları kullanan ve geliştiren kişi Wolf Messing'in yaptığını yapabilir. Uzun ve ısrarlı çalışmalarla o doğal yetenekleri geliştirdi ve başkaları için fark edilemez olan ve sadece hassas aygıtlarla kayıt edilebilen insanın dış uyarılara tepkisini hissedebilmeyi başardı. Kuvvetli bir hafızaya sahip olduğundan sahne, seyirci salonu, merdivenleri vs. nesneleri aklında tuttuğundan gözleri bağlıyken, bildiği ortamda kör insanların hareket ettiği gibi rahatlıkla hareket edebiliyor.

Böylece Messing'in deneyleri uzun ve yoğun çalışmalar sayesinde herkese verilen yeteneklerinin en iyi şekle getirilmesidir. Onun ince, azimli çalışması bizi fethediyor ve deneylerdeki hafifliğin uzun çalışmaların, iradesinin ve dikkatinin yoğunlaşmasının meyvesi olduğunu unutuyoruz.

Messing'in azimli çabaları önünde eğiliyoruz. Devid Oystrah veya Vana Klibern'in oyununu duyunca kayıtsız kalamıyoruz. Ama o anda her oyun için verilen muhteşem emeği düşünemiyoruz. Gerçek sanat ve yeteneğin gücü budur işte."

Bu makale benim medyum olmadığımın ve her şeyin benim hissiyatımın güçlülüğü ile açıklanmasının bir özetidir. Buna katılmaya bile hazırım, bir tek bana saygıdeğer Profesörün ilk kimliğin numarasının rakamlarını ve ikinci kimliğin geçerlilik süresini gösteren rakamı toplayacağımı bana nasıl işaret ettiğini açıklarsa, bir de G.İ.Kositskiy üzerimde deney uygulayan ilk kişi olmadığını ekleyebilirim. SSCB Tıp Akademisi Psikiyatri Enstitüsünde resmî deneyler uygulandı ve en azından raporlarında bilim adamları her zaman çalışmamın iddia motor mekanizması hakkındaki hipoteze sığmayan sorunları değinmeden geçiyorlardı.

Bana hiçbir sinyal göndermemek imkânsız olduğu konusunda Prof. Kositskiy'yi ikna edebilirim. Elbette benim yapacağım ödevin dışında, elini hareket etmemesini düşünmesi beni zorluyordu. İşte bu düşünceleri induktor'dan algılıyordum. Dolayısı ile onu ödeve odaklanması için ricada bulundum: "Kendinizi düşünmeyin" Benim elimi sıktığının farkında olmayabilirim. Bu durumda ben tamamen induktorun düşüncelerini anlamak için odaklanıyorum ve çevremde olan hiçbir şeyin farkında değilimdir.

İşime başka bir şey engel olabilir. Medyumik olarak her insanı duyamıyorum, işin özünü yansıtmayan "duymak" fiilini kullandığım için affınıza sığınıyorum. İşin özü şu ki başkasının arzusunu kendi arzum gibi hissediyorum. Onun hissi, bende de bir his olarak doğuyor. Eğer induktorum su içmek istediğini düşünürse ben de susuzluk hissedeçeğim. Eğer o bir kediyi okşadığını düşünürse, ben de elimde sıcak yumuşacık bir şeyler hissederim. Yabancı fikir kafamda kendi düşüncemmiş gibi doğuyor, kendi düşüncelerimi induktorun düşüncelerinden ayırmak için bayağı bir çaba sarf ettim. "Duymak" kelimesinin sıradan manası ile kullandığım medyumik anlamdaki farkı işte burada.

Evet, tüm insanların fikir ve hislerini aynı derecede "duyamıyorum". Bazıları beynimde "yüksek sesle" duyuluyor, bazıları kısık bir sesle, bazıları ise bir fısıltı gibi, sadece tek tük kelimeler kulağıma gelir. Ama seans esnasında induktorunu seçemiyorum. "Kısık sesli" induktor karşıma çıkınca veya bu terimler, medyumik anlayışıma göredir) yanımda "bağıra bağıra" düşünen biri olursa işim engellenebilir. Seansımı seyredenler çok kez şahit olmuşlardır, bu kişileri uyarırım.

Gazeteci V.Safronov'un yazılarından bahsetmek istiyorum. (kibarlıkla bana takdim ettiği yazılarından aynen aktarıyorum.)

"Bu olay geçen sene sonbaharda Moskova'da, Tıpçıların Evinde toplanan doktorlar için V.Messing'in seansı esnasında yaşandı... Jüri üyelerinin arasında bulunmam, sahnede ve seyircilerin arasında olan biten her şeyden haberdar olmamı sağladı. Messing'in en son deneyinden bir önceki deney induktorun elini tutmadan düşünsel ödevin dikte edilmesiydi. İkna edici olması için Messing iki jüri üyesinin eşliğinde salondan çıkarıldı. Tenha bir yere sakladığımız bir nesneyi Messing bulacaktı. Tartışmalardan ve birkaç yer değiştirmeden sonra nesneyi (kalem) duvar panelinin dikişine sakladık. Messing'i içeri davet ettiler. Sessizliğe boğulan salonda Messing kalemi saklayan kızı buluyor. Onu sahneye çıkarıyor, onun gözlerine bakıyor ve rica ediyor: "Düşünün! Hayali bir obraz yaratın..." Bu anda Messing'in dikkatini dağıtsam ne olacak acaba diye şeytani bir fikir geliyor kafama ve ona kendi kendime telkinde bulunmaya başlıyorum: "Kızı dinlemeyin, kalemi onun düşündüğü yerde saklamadık, kalem duvarın solunda, sütunun başlığındadır." Bu arada Messing'in yüzüne baktım (3 metreyi aşmayan mesafe) ve telkin etmeye devam ettim: "Kalem sütunun başlığında".

Hayal gücüm hemen kalın toz tabakasının üzerinde yatan, altın kaplamalı siyah kalemi göz önüme getiriyor. Aniden hiç beklemediğim bir şey oluyor: Messing bana baktı ve gizlemediği sinirli bir sesle (aynen aktarıyorum)

"Sayısız emir vermeyin! Orası çok yüksek... Büyük merdiven lazım..." dedi.

Ben tabii mahçup oldum ve özür dileme gibi bir şeyler mırıldandım. Bu replikten sonra Messing varlığımı unuttu ve kızın üzerinde odaklandı. Seyircilerin isteğine göre gizlediğimiz kalem bulundu..."

Bu yazıları özellikle aktardım ki deneylerimi seyretmeyen okuyucu, yabancı seslerin renkli korosunun çalışmamı nasıl etkilediğini tahmin edebilsin. Aynı anda konuşan kalabalığın içinde bir sesi takip edip ve sadece onu dinlemek nasıl zor bir iş ise benim işim de öyledir. Ama o ses özellikle sesiz olabiliyor.

Tekrar ediyorum: Yalan söyleyip, abartmak için bir nedenim yok. Yabancı fikirleri "dinlemek" için gücümün ve hislerimin özel bir şekilde toparlamam lazım ve dikkatimin yoğunluğu gereken seviyeye ulaştıktan sonra her hangi bir kişinin fikirlerini telepatik olarak "duymak" veya "okumak" çok kolay oluyor ve pratik olarak her hangi bir fikri "okuyabilirim". İnduktorla el teması, sesler korosundan gereken sesi ayırt etmeme yardımcı oluyor. İnduktorun elini tutmadan da başarılı olabilirim. Üstelik gözlerim bağlıyken çalışmak daha kolaydır, çünkü induktoun gözlerine odaklanıyorum. Gözlerim bağlı iken salonda rahat dolaşmamın nedeni induktorun gördüklerini ben de gördüğüm içindir, yalnız içerdeki merdiven ve kapıların yerleşimini iyi hatırladığım için değildir.

En iyi induktorlar sağırlardır. Çünkü onlar benim yapacağım ödevi kelimelerle değil, hayalleri ile net olarak ifade edebiliyorlar.

Seyircilerin iyi niyetli davrandıklarında çalışmak daha kolaydır. Aynı şekilde piyanist-virtüöz de seyircilerin sesiz hayranlığını hissettiğinde parmakları klavyelerde hafifçe uçuyordur. Eğer, "şimdi karıştırır..." veya "şimdi hata yapar..." gibi bir ortamla karşılaşsaydı parmakları kurşun gibi donardı. Ama nasıl ki müzisyen tüm gücünü toplayıp hata yapmamayı başarıyorsa, ben de en karamsar ve skeptik bir induktorla çalışmamı tamamlayabilirim.

İlk ödev en zor olanıdır. O ruh hâlinin hazırlık ve toparlanmışlık derecesini kontrol ediyor. Onunla jürinin ve seyircilerin sempatisi kazanılıyor. Bu sebeplerden dolayı her zaman en kolay olandan başlıyorum. Emir ne kadar özel ve karmaşık ise onu yerine getirmek de o kadar kolay ve zevklidir.

Tüm seans boyunca kendimden emin olmalıyım. Galiba bu her karmaşık ve riskli işlerde her insanın ihtiyacıdır. Mesela cambaz düşebileceğini bir an bile aklından geçiremez.

Sana her zaman sorulan "insanların fikirlerini nasıl öğrenebiliyorum?" sorusuna verdiğim cevaba bunları ekleyebilirim.

Şimdi "Psikolojik deneylerde" yaptığım ödevlerden birkaç örnek anlatacağım. Bunlar değişik zamanlardan aklımda kaldı. Özgün birkaç tanesi seçtim.

1.Ceketimin sağ cebinden 1964 yılının takvimini çıkar:

a) Kasım ayını aç;

b) Bugünkü tarihi, 19.11.1964'ü karala;

2. Ceketimin sol cebinden resim konulan siyah torbayı çıkar:

a) Resimlerin arasından başına kep takmış, elinde ayakkabı fırçası olan delikanlının ve siyah elbise giymiş genç kızın resimlerini bul.

b) Resimleri toplayıp poşete koy ve eski yerine, yani ceketimin sol cebine koy.

c) Seçilmiş resimlerdeki kızı ve oğlanı salonda 5. sırada bul ve sahneye getir.

3. Sol cebimden oyun kâğıtları bulunan beyaz torbayı çıkar ve bu sıraya göre diz:

a) Kâğıtların önü aşağıya bakacak şekilde asların hepsini bir yere topla;

b) Üst sıraya karo kız, kız kupa, maça kız için yer bırakıp, sinek kızı koy.

c) Al sıraya karo kral, kupa kral, maça kral için yer bırak, sinek kralı koy.

4. Delikanlıyı elinden tut ve onun düşünce-emrini yerine getir. Onun düşünce-emri şunlardan oluşuyor:

a) Ceketimin iç sağ cebinden zarfı çıkarıp, jüri üyelerine ver.

b) Jüri üyelerine zarfı açmalarını ve emirleri okumalarını rica et.

G.M.S. İrkutsk şehri, 19.11.1964

... Messing'den cebimden anahtarı almasını ve güvercinleri beslediğim kulübeye gidip kilidini açmasını, oradan beyaz güvercini sahneye getirmesini rica ediyorum.

G. Vilden, Angarsk şehri, 21.05.1964

1. İçtenlikle rica ediyorum, sevgilimin adını öğrenir misiniz?

Şunları yaparak öğrenebilirsiniz:

a) 11.sıranın 6. koltuğunda oturan kızın çantasını açın, orada bulunan kitapların arasından "Dünya Atlasını" alın.

b) Çantada bulunan her iki ucu da açılmış mavi-kırmızı kalemi alın. Kalemin mavi ucu ile atlasın 4. ve 5. sayfalarında bulunan Sovyet şehirlerini işaret edin:

1) Novosibirsk

2) İrkutsk

3) Nikolayev

4)Alma-Ata

Bunların ilk harfleri kızın adını oluşturuyor.

3. Atlasın son sayfa ile atlas kapağı arasında "Yeni Yılınız kutlu olsun!" kartpostalları var.

4. Kartpostalların arasında arkası yeşil olanın ters tarafına, tespit edilen şehirlerin ilk harflerinden oluşan ismi yazın.

5. Bu kartpostalı benim adıma o kıza takdim edin ve gelecek olan yeni yılını kutlayın!

"SELİNENERGO" İlçe Elektrik İdaresi Mühendisi
Marat Urazakov
02.12.1963

Sayın Messing, gözleriniz kapatın lütfen! Sahnenin sol tarafında yangın teçhizatı arasında askeri şapka var. İçinde saat var. Şapka ile saati alın ve sol taraftan 3. pencerenin önünde duran arkadaşıma şapkayı verin, saati ise saatin kısa oku hangi rakamı gösteriyorsa o sırada ve uzun ok hangi rakamı gösterirse o koltukta oturan askere verin.

Asker kıyafetinin sağ cebinde bulunan anahtarı alın ve son başının yanında jüride oturan kıza verin!. Kızın ayağa kalkmasını rica edin...

Er Vasilyev L.V. Kustanay şehri
05.12.1963

1. Birinci sırada 14, 16.koltukta oturanları ve on beşinci sırada 2.koltukta oturan seyircileri sahneye davet edin.

2. Bunların birinin ceketinin sağ dış cebinden gazeteleri alın, gizli cepten ise makası alın.

a) Her zamanki gibi katlanmış gazeteyi makasla kesin,

b) Jüri masasından sandalye alın ve sahnenin kenarına sandalyenin sırt tarafı seyircilere bakacak şekilde koyun,

c) Gazete parçalarını sandalye kenarına asın;

3. Sahneye çıkardığınız diğer seyircilerin birinden elindeki çantayı alın, fermuarını açın, çantadaki "Spidola" markalı radyoyu jürinin masasına koyun.

4. Antenini çıkarın, ses düğmesini (sol taraftaki düğme) en azami seviyeye kadar çevirin; sağ taraftaki düğmeyi çevirip ses gelmesini bekleyin.

Valşonok, A.M. Leningrad şehri, 18.11.1964

1. İkinci sıra 1. koltukta oturan gencin iç cebinden zarfı alın, zarfın içinde harfler var.

2. Harflerden " Eğer inancını kaybedersen her şeyini kaybeder".

3. 5.sıra, 2 koltukta oturan genç kızdan dergiyi alın. Derginin için satranç tahtası resmi vardır.

4. Gencin sol cebinden kırmızı kalemi alın ve satranç tahtasında sadece beyaz karelerin üzerinden üst sol köşeden sağ alt köşeye kadar bir çizgi çizin, hiçbir kareyi atlamayın.

G.Popov Novisibirsk şehri, 18.04.1964

Bunlar bana verilen ödevlerden çok ağır olmayan, ama çok da kolay olmayanlardı.

"Psikolojik deneylerimi" seyretmeye gelen yüzlerce kişinin arasında, bu ödevleri veren insanlardan çok zeki olan ve daha az zeki olan insanlar vardı. Birbirine benzeyen ödevlere çok nadir rastlanır, Valeriy Brüsov'un dediği gibi: "Yeni bir ruh, yeni bir dünya gibi sırları ile çekicidir." Ödevlere alışamazsın... Ama ödevleri her zaman tam ve net yerine getiririm.

Telepatik bağlantının var olduğunu inatla savunanların dile getirdiği tüm deliller üzerinde durmak istemiyorum. Bunların arasında ani sezgiler vardır veya yüz bin kilometre uzakta bulunan yakın bir kişinin ölümünü görebilme veya birbirine yakın kişilerin kafasında aynı anda aynı fikrin doğması veya sırtınıza bakan birinin bakışını hissetmek vardır. Tüm bunlarla ilgili birçok kitap yazılmıştır ve çok sayıda gerçek olaylar sıralanmıştır.

Bu kitaplardaki bilgileri tekrar etmek istemiyorum. Ama bir sorunun üzerinde duramadan geçemem. Bilim adamlarının objektif, bilimsel yöntemlerle telepati olgusunu inceleme çabalarını bilip sesiz kalamam. Nedense telepatiye karşı olan kişiler bu objektif deneyler unutmayı veya onların gerçekliğini ve objektifliğini ret etmeyi tercih ediyorlar. İşte bunları hatırlatmak istiyorum. Bunun için yüzeysel olsa da bir asır uzunluğundaki yolculuğa çıkacağım.

İnsan, düşünebilen varlık olarak ne zamandan yaşıyorsa onca zamandır telepatik olguları gözlemliyor. Elbette ki çeşitli dinler bu olguları, olağan üstü güçlerin varlığını ispat etmek amacı ile kullanmışlardır. Bu olgulara dini-mistik yaklaşım geçen yüzyılda ilmi yaklaşıma dönüştü, önceki yüzyıllarda ise tek tük örneklere rastlanıyor. Dolayısı ile yolculuğumu, bu asırla sınırlandırmayı uygun gördüm.

İlkin hipnotizmacılar telepatik olgularla karşılaştılar. 1850 yılında hipnotizmayı inceleyen İngiliz Profesör fizyolojist Mayo fark etti ki hipnotizmanın tesiri altında bulunan kişi kendi tat alma, koku alma, dokunma hislerini kaybediyor, hipnozu yapan kişinin his organlarının algıladığını hissetmeye başlıyor. Görüldüğü gibi aynı yıllarda veya daha önceki yıllarda, moda olan ve manyetizma diye adlandırılan hipnotizmayı inceleyen başka araştırmacılar da bu tür gözlemler yaptılar.

Londra'da 1882 yılında "Psikolojinin Gizemli Olaylarını İnceleme Derneği" kuruldu. Aralarında ünlü bilim adamlarının bulunduğu dernek üyeleri telepatik olguları toplama, kontrol etme ve tahlil etme işlemleri ile uğraşıyorlardı. Yunanca'dan gelen "telepatik" "mesafeden hissetme" terimi ilk bu çevrelerde kullanılmaya başladı. Dernek üyeleri telepatik ileti deneylerini ilk uygulamaya başladılar. Bu derneğin çalışmalarının derinliğinin ve genişliğinin belgesi 1886 yılı İngiltere'de yayımlanan ve 1893 yılı Rusça'ya tercüme edilen Çerney, Mayers ve Podmor'un " Hayattaki Hayaletler ve Diğer Telepatik olgular" adlı kitaptır. Bu kitapta evraklarla tasdik edilmiş 700 yakın telepatik olgular yer almıştır.

Telepatik olguları toplayan, analiz eden ve sistematize etme işlemi ile bir çok bilim adamı uğraştı. Bu şekilde ünlü Fransız astronom ve populist yazar Kamil Flammarion, geçen asırda 1.000 telepatik olguyu kaydetti. Rusya Bilimler Akademisi üyesi, Petersburg'lu Profesör L.L.Vasilev telepatik olguların büyük bir katalog şeklinde topladı. Telepatik olguların varlığına inanmak için bu kayıt edilmiş olguları bilimsel yöntemlerle incelemek yeterli olurdu ama telepatiye karşı olanlar nedense bu olguları görmezlikten gelmeyi tercih ediyorlar.

Telepatiye benimsemeyen bilim adamları bu olguları inceleme zahmetine katlanmadan, herhangi bir laboratuarda ve herhangi bir zaman yapılabilecek deneylerin yapılmasını talep ediyorlar. Ama laboratuar ortamında sadece tüm şartları bilinen olgular denenebilir. Telepatik olgular bu seviyeye kadar bilinmiyor malesef. Diğer alanlarda da bu derecede gözlemlenmiş olgular yoktur, mesela şimşeğin gözlemlenmesi ve incelenmesinde bir çok bilinmeyen yönü var. Bilim adamları laboratuarda şimşekle ilgili deney yapamıyorlar. Doğada bu olayı gözlemleyen kişilerin ifadelerinin bilimsel olarak incelenmesi, doğada bu olgunun gerçekten var olduğunu ispat etmiştir. Çok sayıdaki medyumik olguların incelenmesi medyuminin var olduğunun bir ispatıdır.

Ama telepatinin tarihinde çok sayıda doğada gözlemlenen kanıtlanmış vakaların dışında, mistik olarak kabul edemeyeceğimiz bilim adamlarının bilimsel yöntemlerle yapılmış deneyleri vardır.

1902 yılında Kiev'de Doçent Y.N.Juk görsel hisleri transfer deneylerini yapmıştır. Kendisi de deneylerin induktorluğunu yaptı. Önceden hazırlanmış basit bir resmi alıyordu; kayık, şişe, sepet, merdiven vs. resme dikkatlice bakıyordu. Resmi görmeyen denek ise onun beynindeki resmi tahmin etmeye çalışıyordu. Birçok deneyde şaşırtacak derecede, sonuçlar birbirini tutuyordu.

Juk olguyu sergilemekle kalmadı, deney esnasında yapılan hataları ve yanılmaları tahlil etmeye, sebeplerini araştırmaya başladı. Bu araştırmalar, sorunsala tamamen bilimsel bir yaklaşımın ifadesidir.

Görüntünün telepatik transferini birçok bilim adamı incelemişlerdir. En ilginç deneyler 1928 yılında Atina Psikolojik Araştırmalar Derneği tarafından yapılmıştır. Resimlerin transferi; geometrik şekillerin, harflerin, çizimlerin uzun mesafelere yapıldı: Atina-Paris (1.201 km), Varşova-Atina (1.597 km.), Viyana-Atina (1.597 km). Bu deneyler bence çok başarılı olmuştur. Deneylerin sonuçları Atina'da düzenlenen Psikolojik Araştırmaların Dördüncü Uluslar arası Kongresinde sunuldu.

Hayal ve resimlerin transferi medyum için kolay bir meseledir. Ben de kelime veya fikre göre hayal veya resmi daha kolay algılıyorum.

1920 ortalarından itibaren V.L.Durov'un vefatına kadar, onun zoo-psikolojik laboratuarında yapılan hayvanlara telkin deneyleri o kadar ilginçti ki okuyucuların dikkatini çekmeden geçemem. Bu deneylerin sayısı 10. 000'e ulaşmıştır. Deneylere Profesörler: G.A. Kojevnikov, B.B. Kajinskiy, A.B. Leontoviç, A.L. Çijevskiy, akademisyen V.M.Behterev katılmışlardır. Bence bu deneyler serisi, telepati olgusunun varlığının bir ispatıdır. Sadece bir tane deneyi size anlatmak istiyorum.

V.L.Durov ve akademisyen V.M.Behterev aynı odada bulunuyorlar, Mars isimli köpek ise iki oda aralıkla başka bir odada bulunuyor. Tüm kapılar sıkıca kapalıdır. Köpek Mars'ın davranışlarını gözlemleyecek olan Profesör A.V.Leontyeviç, Durov'un köpeğe telkin edeceği görevi bilmiyor. Durov da bilmiyor, deney öncesi ödevi sadece akademisyen V.M.Behterev biliyor.

Deney başlıyor. "Mars 14 kez havlasın!" ödevi yazılan kâğıdı Behterev Durov'a iletiyor. Durov biraz şaşırdı, köpeğine hiç böyle bir emir vermemişti. O, sadece yediye kadar "sayabiliyor". O, ödevi ikiye böldü ve kâğıda "7+7" yazdı ve telkin etmeye başladı. Ellerini önünde toplayarak odaklanmaya başladı...

Birkaç dakika sonra o, sandalye oturuyor. Leontiç içeri giriyor ve Mars'ın yedi kere havlayıp, yere uzandığını, sonra aniden kalktığını ve yedi kere havlayıp tekrar uzandığını rapor ediyor.

Durov hayvanlara başka telkinleri de uyguladı. Hayvanın gözüne bakıp bir hareketi düşünüyordu. Köpek de o hareketi yapıyordu. Kural olarak sonuçlar mükemmeldi. Her tür şüpheyi kaldırmak için Durov'un yokluğunda, onun köpekleri ile deneyleri Akademisyen Behterev yapmıştı.

Bilimsel açıdan aynı titizlikle yapılan başka hayvanlara telkin deneyleri biliyorum. Bence, maalesef, sonraki yıllarda kimse bu deneylere devam etmedi, kimse devam etmeyi denemedi de.

1925 yılında Moskova'da Nevroloji doktoru T.V.Gurşteyn ilginç deneyleri yaptı. Deneylere T.V.Gurşteyn'in iş arkadaşları ve Akademik V.S. Kulebakin katıldılar. Telkin 55 kilometre mesafeden uygulandı.

Geometrik şekiller, elini veya ayağını hareket ettir gibi ödevler düşünsel olarak transfer edildi. "Burada oturmaktan memnunum" cümlesi de telkin edildi. Denek Bayan E.G. Nikolskaya, bu cümleyi biraz kısaltılmış şekli ile algıladı: " Oturmaktan memnunum". Bu deneylerde madeni radyo dalgalarını yayan kamera kullanıldı.

20'li yılların sonu, otuzlu yılların başında telepatik olguları inceleyenler matematik istatistiksel yöntemleri kullanmaya başladılar. Somut matematiksel yöntemler, adım adım gösteriyorlardı ki düşüncenin telepatik transferi vardır, telepati karşıtları deneylerin başarısını tesadüflerle açıklamalarına karşı ihtimaller teorisine göre bu oranda tesadüfler olamaz.

Telepati alanında matematiksel yöntemleri kullanmaya karşı değilim. Ama bence, bir sıra olaylarda deneysel verilerin matematiksel yöntemlerle işlenmesi genel sonuca hiç şey katmıyor. Matematiksel istatistiğin telepatide kullanılmasının öncülerinden biri S.Soul, 50'li yılların ortasında iki kardeş medyumla Zenner kartlarını tahmin etme konusunda 15.000 ayrı deneme yaptı. Zenner kartları; belli simgeleri haç, kare, üçgen, yıldız ve dalgalı çizgileri taşıyan kartlardır. Bunlar kapalı çift zarfların içine konuluyor ve denekler çizilmiş simgeleri tahmin etmek zorundalar. Bu yöntemle doğru cevaplar hatasız kayıt edilebiliyor.

Elde edilen sonuçlar aşağıdaki gibidir: 25 karttan ortalama 9 doğru tahmin edilmiştir, ihtimaller teorisine göre doğru tahmin sayısı 5'i geçmemeli. Bu iyi bir sonuç, ama parlak bir sonuç değildir. Bu arada, konsantre oldukları zaman, ilhamın geldiği anlarda 25 karttan 25'ni doğru tahmin ediyorlardı. Böyle sonuç birkaç kez elde edilmiştir. Deney esnasında canları sıkılmış veya isteksiz davranan kardeşlerin doğru tahminlerinin soyut sayılarına nazaran, bu sonuçlar kardeşlerin telepatik yeteneklere sahip olduklarına beni daha çok ikna ediyor.

Telepati incelemelerinde matematiksel yöntemleri, Batı Avrupalı meslektaşlarından bağımsız olarak ünlü Rus fizikçi akademisyen V.F. Mitkeviç uygulamıştır. Bildiğim kadarı ile o ilk ödevi oluşturmada induktorun girişimi önlemek için mekanik alet kurdu. Onun kurduğu "rulet" insan müdahalesi olmadan kendisi bir ödevi çıkarıyordu.

Yukarıda bahsettiğim Petersburg'lu Profesör L.L.Vasilyev 30'lu yıllarda ilginç deneyler uyguladı. Bu deneyler uzun mesafede telkin deneyleri idi, bu mesafe Petersburg ile Sevastopol'u ayıran yüz binlerce kilometreye kadar çıkıyordu. Bu deneyler, elektromanyetik tayf ışınları için engel oluşturan metal kafesten telkin deneyleriydi. Deneyler çok ilginç sonuçlar verdi.

Özellikle L.L. Vasilyev'in vardığı sonucu dile getirmek istiyorum: Hiçbir yalıtkan madde, hiçbir engel, hiçbir mesafe telepatik bağlantıya engel değildir.

S.Y. Turıgin'in, P.P. Lazarev'in yöneticiliğinde Rus Bilimler Akademisi laboratuarında yaptığı deneyleri 1940 yılında yayımlandı. Turıgin'in elektromanyetik dalgalara benzettiği "telepatik dalgaların" yansıma kanunlarını incelemeye çalışmıştır...

Son yirmi yılda telepatik olguların incelenmesi genişledi. Bir dizi ülkede özel laboratuarlar ve enstitüler çalışıyor. Rusya'da L.L.Vasilyev'in yönetiminde özel laboratuar çalışıyor. Birçok ülkede telepati alında bilgilerin gelişmesini amaçlayan toplumsal dernekler kuruldu. Rusya'da da böyle bir dernek kuruldu. A.S. Popov adında Radyoteknoloji ve Elektrik Bağlantısı İlmi-Teknik Derneğin Moskova idaresine bağlı "Biyolojik Bilgi" bölümü.

Ama maalesef bu laboratuar ve enstitülerin çalışması 30'lu yıllarda yapılan deneyleri geçmiyor. Nedense hâlâ esas mesele; laboratuarda emin olarak, adım adım telepatiyi oluşturmak için gereken şartları tespit etmektir. Bu arada "atla adım"[6] atmak amaca ulaşmak açısından çok mantıklı olurdu. İncelemeler prensip olarak tamamen farklı araçları kullanmak, telepatik olgularla ilgili derin bir şeyler keşif etmek, elde edilen verilerle telepatinin neye bağlı olduğunu, onun azami düzeyde etkinliğini sağlamak için neler yapılması gerektiğini belirlemek ve deneylerin kontrol edilebilirliğini sağlamak.

Bu olguyu inceleyenleri cesaretli olmaya çağırıyorum! Bizim maddi dünyamızdaki her şey gibi, o da tanınabilir ve ulaşılabilir bir olgudur. Belki bu mekanizmanın sırrının çözümü ile bilim geniş alanda – psikolojide, fizikte, sibernetikte – bilginin yeni bir katına ulaşacaktır...

Telepatinin var olduğunu ispat etmek için delilleri aramaya ihtiyaç yok: Deliler fazlası ile toplanmıştır. Kartlar ve resim transferi ile ilgili sayısız deneylerden de vazgeçmemiz lazım, bilinen verilere yeni bir şey eklemiyorlar. Telepatinin bazı özelliklerini sabit olduğunu varsaymamız lazım; en azından benim

---

[6] Satrançta kullanılan deyim: Kestirmeden gitmek.

bahsettiğim deneyler serisinde tespit edilen özellikleri. Her araştırmacının ve her bilim adamları grubunun yapılan yolu baştan yapmaları gerekmiyor. Yapılan işlerden akademisyen V.M.Behterev start alıp, telepatinin derin gizemlerine ulaşmayı denememiz lazım.

Bunlara birkaç kelime daha eklemek istiyorum. Ben medyumum ve tabiî ki bu olgunun hızlı bir şekilde ve derinden incelenmesinin ve özünün açıklanmasını çok istiyorum. İncelenmesi için elimden gelen her şeyi yaparım ama sadece incelenmesi için, özünün açıklanması için değil. Bu satırlara öncülük eden kısa açıklamayı medyum olarak değil, mesafeye düşüncenin transferi ile ilgilenen bir kişi olarak yazdım. Okuyucunun yargısına başka kişilerin gözlemlerini ve fikirlerini de sundum. Bunun için Kiyev'den Doçent Y.N.Jukov'un, akademisyen V.M.Behterev, Petersburg'lu Profesör L.L.Vasilyev ve hayvanların meşhur efendisi-terbiyecisi V.L.Durov, akademisyen V.S.Kulebakina ve fizik-matematik bilimlerin doçenti B.B.Kajinskiy, nevroloji doktoru T.V.Gurştyin ve akademisyen P.P. Lazerev ve abartmalardan uzak, dürüst ve ciddi birçok Rus ve yabancı bilim adamlarına atıfta bulundum.

Telepatinin atalarımızdan kalan atavizm olduğu mu veya tam tersi geleceğin insanlarının sahip olacakları bir özellik mi veya bizim yerimizi alacak olan varlıkların özelliği mi konusunda tartışmaları çok şahit oldum.

İlk görüşü savunanların sundukları delillere göre vücudun yapısı ne kadar ilkel ise o kadar çok telepatiye ihtiyaç vardır. Bu gruptakiler, bilinen bir olguyu; bazı cins kelebeklerin hemcinslerini bir kilometre mesafeden tanıyabildiklerini, telepati ile açıklıyorlar. Yaygın olan başka bir olguyu da birbirine yakın bulunan bir grup kelebeklerin aynı anda kanatlarını çırpmalarını da telepatiye bağlıyorlar. Balık kolonisinin hareketlerinin birliğinin ve eşgüdümlüğünü de telepatiye ile açıklıyorlar. Ve saire ve saire...

Bünye ne kadar iyi gelişti ise telepatiye o kadar az ihtiyaç duyuyor. Aslan başka bir aslanı gür sesini duyarak bulabiliyor. Kurt kokusundan bulabiliyor. Anne kaplan evlatlarına hafif bir "myau" sesi ile geleceğinin haber veriyor. Maymunlar birbirlerine duygularını ifade etmek ve tehlikeyi haber vermek vs. için bir ses sistemine sahiptirler. Son zamanlarda tespit edildiği gibi buna benzer bir ses sistemine kargalar da ve belki de grup olarak yaşayan başka hayvan ve kuşlar da sahiptir. Bilgi transferinin birçok yolunu bilen insanoğlu telepatiye daha da az ihtiyaç duyuyor. Bu sebepten dolayı da telepati kullanımı azaldı, zayıf bir beceriye dönüşen, sadece zaman zaman bazı bireylerde yeniden tam kapasite ile doğan bir olgu hâline gelmiştir. Bazı insanlarda bu atavitik duygu doğuştan vardır. Nasıl ki bazı insanların doğuştan vücudu tüylü, işte böyle bir durum. Şu an tıp bilimlerinin doktoru V.A.Kozak şu an mesela, bu görüşü savunuyor. Bu soru ile ilgili şunları yazmaktadır:

"Çoğunlukla beyinin alt kısımlarında bulunan bazı fonksiyonlarının, beyinin ilgili bölgelerinin kontrolünden çıkabildiği olağanüstü durumlarda ve bazı ağır kaygılara bağlı olarak insanlarda telepati gibi biyolojik bağlantı, beyinin üst katlarına eklenen gelişmiş katman yığınının altından yüzeye çıkabilir...

Şu ana kadar hiçbir deneyde belli bir deyimin iletilmediği sabit olarak tespit edilmiştir.

Bu biyolojik bağlantı fenomenini bize hayvanlardan geçtiğini dolaylı olarak ifade ediyor. Hayvanların kelimelerin mantıklı bağlantısı, deyimler, maddenin bu tür özü ile ilgili hiçbir anlayışları yoktur. Uzun mesafede biyolojik etkiyi, yakınımızı merak etme veya bir olayı önceden hissetme gibi algılamamız görüldüğü gibi tesadüf değildir.

Galiba bilgi, ilkel alarm sistemi veya korku, tehlike vs. duygular düzeyinde iletiliyordur. Böcek ve hayvan dünyasının diğer küçük temsilcilerinde bilgiyi iletme yeteneği en yüksek düzeyde gelişmişliğinden, bu durum son derece doğaldır.

Şu anda biyolojik bağlantının bu şekli- görüldüğü gibi-anakronizmdir"

(Kajinskiy B.B. Biyolojik radyo bağlantı. Kiyev, 1952)

Ama diğer gruptakiler "hayır" diyorlar! Sunulan örnekler başka gerekçelerle açıklıyorlar. Kelebekler birbirini kokuya göre buluyorlar. Bir grup balık ise liderin emrini suyun akıntısı ile algılayıp aynen tekrar ediyorlar ve iletiyorlar. Telepati yeni doğan bir özelliktir. Bilgi iletme araçların yerini alacaktır. Telepatide yalan söyleme ihtimalini yok ediyor ve dolayısı ile insanların birbirini kandırma niyeti ortadan kalkacağından, geleceğin toplumunda telepati temel iletişim aracı olacaktır. Yoğun telepati kabiliyetine sahip kişiler geleceğin kişileridir. Gelecekteki günlerimizin ilk habercileridir.

"Biyolojik Radyo Bağlantı" kitabında B.B.Kajinskiy diyor ki:

"Fenomenal özellik -uzun mesafeden başka kişileri düşüncesi ile etkileme yeteneği- daha cenin hâlindedir. İnsan beyninin bu yeteneğinin sona yaklaştığını veya hayatının tükendiğini düşünenler haksızdırlar. Tam tersi insan bilinç evriminin yeni, yüksek temelde, biyolojik radyo bağlantı temelinde gelişmesini temsil ediyor".(B.B.Kajinskiy Biyolojik radyo bağlantı.)

Kimin haklı olduğu konusunda tartışmaya girmeyeceğim. Kelebeklerle ne fizikçiler, ne de medyumlar ilgilenmişlerdir. "Bionika" bir bilim dalı olarak daha yeni "haklar kazanmaya" başlıyor. Ben başka bir şey söylemek istiyorum. Telepatik özellikler, bu veya diğer seviyede, her insanda vardır. Çocukluk dönemde bunlar dışarıya yansıyor. Anne yeni doğan bebeğin hissettiğini hissedermiş. Ama bu, bir söylentiden ibarettir. Bu konuda hiç ilmi rapora rastlamadım. Bu konuda basit bir deney herhangi bir doğum evinde, bir veya iki haftalık sürede yapılabilirdi. Bebeklerin bunduğu odada bir kişi bebeklerin davranışlarını kayıt etse; ne zaman hangisi ağlamaya başladı, ne zaman uyandı vs; annelerin bulunduğu odada başka biri annelerin davranışlarını kayıt etse. Bu deneyin sonucu birçok tartışmalara ışık tutardı...

Telepati atavizm mi ya da yarının insanlarının bir özelliği mi? Dürüstçe söylersem, bu sorular beni fazla ilgilendirmiyor. Beni ilgilendiren şudur: Her insan, iyice hafızasını yoklarsa, telepatinin var olduğunu düşünmeye sevk edecek birkaç vaka hatırlar. Peki, neden bu olgu ciddi olarak incelenmiyor? Neden onun varlığından haberi bile olmayan bilim adamlarına hâlâ rastlıyoruz?

Beni şaşırtan durum şudur; kendini bilim adamı olarak gören insanlar (tabii ben bilim adamlarının hepsini kastetmiyorum!) nasıl günlük hayatta görünen telepatik olguları görmezler! Nasıl ki Aristo'nun tezine körü körüne inanan Orta Çağ bilim adamları, her gün şimşeklerin çakmasına rağmen elektriğin varlığına inanmazlardı!

Bunu iddia etmek için onların geçerli nedeni vardı: Şimşeği laboratuar ortamında gerçekleştiremiyorlardı. Aniden gözlerinize çarptığı an, gözlerinizi saklayıp veya ters dönebilirsiniz ve vicdanınız sızlamadan görmedim, fark etmedim diyebilirsiniz.

Dördüncü Bölüm

DAHA NE YAPABİLİRİM: HİPNOZ

Yukarıda telepatiden bahsetmiştim. Şimdi hipnozla alakalı başka tür yeteneklerimden söz etmek istiyorum. Benim hipnoz sanatım bilinenin dışına çıkıyor, dolayısı ile ona değinmeden geçemem.

Bu kitapta hipnozun tarihini ve özünü açıklamama gerek yok, bunu yapmak da istemiyorum. Meraklı okuyucu hipnozla ilgili bilgilere başka kaynaklardan da ulaşabilir. Sadece belirtmek istiyorum ki hipnoz, eski çağlardan beri bilinmektedir. Arkeologların buldukları papirüslerde din adamları hipnozu dini amaçlar için kullanmışlardır. O çağlardan 19.yüzyıla kadar değişik kültlere mensup şahıslar tarafından kullanıldı. Hipnozda gizemli ve anlaşılmaz bir şeyler vardı. Onun ustalıkla kullanılması doğa dışı güçlere güveni artırıyordu.

Hipnozun değişik türleri vardır. Şamanın dansı Özel bir kendi kendini hipnozlamadır. Danstan sonra yaptığı "şifa" hipnozlu telkinin sonucudur.

18. yüzyılda yaşayan ve "manyetik" flüidleri yayan Doktor Mesmer'in meşhur şifalı seansları da hipnozdur. Bu kişinin hipnoz yeteneği o kadar güçlü idi ki elini değdirdiği eşyalar bile şifa dağıtıyorlardı. Lion müzesinde, Mesmer'in talimatı ile yapılan davula benzeyen, metal mihverlerle donatılmış bir "manyetik depo" sergileniyor. Hastalar bu mihverlere tutunup ve birbirlerine tutunduktan sonra Mesmer bir sopa ile bu depoya dokunuyordu ve "hayati flüidlerin" fazlalığı ondan hastalara geçtiğine inanılırdı. Bazı insanlar bundan etkileniyordu ve iyileşiyordu. Bu da bir tür hipnozdur.

Dindar insanlar, dinlerince kabul edilen, "Yüce Allah'a sığındım!" gibi kelimelerden oluşan duaları yüzlerce, binlerce kez tekrar ederek kendilerini hipnozun tesirine sokuyorlar. İkonların önünde sayısız defa secde edilmesi de aynı sonuca götürüyor.

Modern bilim hipnozun üç aşamasını belirliyor. Bunların ilki, miskinlik hâlidir. Bu hâlde bulunan insan sessizliğe ihtiyaç duyar, vücudu olağanüstü derecede ağırlaşır, gözlerini açmakta zorlanır. Dindarların çoğu din görevlilerin vaazlarını bu hâlde dinlerler.

Taşların üstünde duran, basamaklarda uzanan, haçlara yüzlerini değdiren insanları kiliselerde gördüğümde, bu kişilerin hipnozun ikinci derecesinde -hipotaksiya hâlinde- bulundukları fikrini kafamdan atamıyorum.

Hipotaksi hâlinde vücudun bal mumu gibi esnek olduğu gözlenir. Vücudun bir uzvuna veya tamamına karmaşık bir şekle sokulabilir, vücudun sıradan hâlinde bu şekli muhafaza etmesi neredeyse imkânsızdır, ama hipotaksi hâlinde ise zahmetsizcedir.

Hipnozun üçündü derecesi somnambulizmdir. Bu hâldeyken kişi hipnotize eden kişin uyarıları dışında, tüm dış uyarılardan soyutlanmıştır.

Hipnozun tesiri altındaki kişinin psikolojisi ve vücudu üzerinde hipnoz eden kişinin etkisi sınırsızdır. Bu etki tamamen objektiftir, çoğu zaman hipnotizmanın tesiri altındaki kişinin kendi vücudu üzerindeki etkisinden daha kuvvetlidir. Mesela, elinize yanan sigara değdiğinde kendinize yanığı hissetmemeyi telkin edebilir misiniz? Bu insanlık dışı deneyi bir zamanlarda Polonya'nın sirklerinde sıkça seyretmek zorunda kalıyordum. Veya tam tersi, sade bir kalemi vücudunuz yakan kızgın bir çubuk olduğunu kendinize telkin etmeyi deneyin. Hipnotizmacı tarafından böyle durum telkin edilen kişinin elinde hemen yanık kabarcıklar oluşur.

Hipnotizmanın tesiri altında bulunan ayyaşa votkadan nefret etme telkin edildi. O anda kişinin midesini röntgen ekranından gördüm. Sanki zehri dışarıya atma çabasındaymış gibi mide kasılıyordu, ama midesinde hiç alkol yoktu. Kendi midenize herhangi bir harekette bulunmasını telkin edebilir misiniz?

Hipnoz tesiri altında bulunan kişiye diyorlar ki:

"Önünüzde buzlu su dolu bir kap var. Elinizi içine sokun. Eliniz dayanılmayacak derecede üşümekte, donmakta."

Kaptaki su +45 derecede olsa da, hipnotizma tesiri altında bulunan kişinin elleri tavuk derisi ile kaplanıyor, damarları anında küçülüyor. Değişiklikleri aletlerin objektif verilerinden de takip edebilirsiniz... Damarlarınıza daralmalarını ve genişlemesini telkin edebilir misiniz?

Hipnotizmanın tesiri altındayken insanların telepatik yetenekleri yoğunlaşıyor. Hipnotizmacıdan hipnotize edilen kişiye telkinler beyinden beyne transfer oluyor. Bu tür deneyler çeşitli ülkelerde çeşitli zaman dilimlerinde çeşitli hipnotizmacılar tarafından yapılmıştır. Bu olgunun keşfi ile telepati başlamıştır.

Hipnotizmaya genel bir açıklama yapılmıştır. Bunun açıklaması beyin kabuğunun büyük yarım kürelerinin kabuklarında büyük veya küçük frenlemelerin oluşmasıdır. Beyin kabuğunun tamamının veya bir kısmının frenlemesi değişik sebeplerden dolayı olabilir. Doğal veya yapay nedenlerdir bunlar.

Diyelim ki insan şiddetli bir korkunun tesiri ile konuşma kabiliyetini kaybetmiştir, tek kelime bile konuşamıyor. Korkulacak bir şeyin olmadığını ne zamandır anlamıştır ama dili ve boğazı ona itaat etmiyor artık. Anında beyin kabuğunun konuşma kabiliyeti kontrol eden kısmında frenleme doğmuştur. Kuvvetli bir uyarı ile beynin bu kısmı eski hâle döndürülebilir. Böyle bir uyarıyı hipnotizmacı yaratabilir. "Mucizevî şifaların" çoğunun temeli budur, hipnotizma ile tedavi çoğu ülkelerde yaygın olarak kullanılıyor.

Yine de hipnotizma hâlâ az incelenmiş bir vakadır. Hipnotizmanın bazı tesirlerinin sadece beyin kürelerinde oluşan frenleme ile açıklamak zor oluyor.

Şimdi ise hipnotizmayı nasıl kullandığımı, hipnotizmanın hangi şekillerine vakıf olduğumu ve telkin yöntemlerimi anlatmak istiyorum.

Herhangi bir düşünceyi veya hissi anında telkin etmem gerektiği birkaç vakayı hayatımı anlattığım bölümlerde anlatmıştım. Yeteneklerim ilk bu durumlarda meydana çıkmıştır. Kitabın başında anlattığım, biletsiz yolculuk yaptığım Berlin ekspres treninde başıma gelen olayı hatırlayın. Orada olan telepati değildir. O hipnozdu, teklin etmeydi: Tren görevlisine sunduğum kâğıt parçasının bilet olduğunu telkin ettim. Sıkı bir şekilde korunan odaya nasıl girdiğimi hatırlayın.

Buna benzer bir şey bir kez daha başıma geldi. Aynı dönemde yüksek makamda bulunan bir kişi ile konuşma fırsatı yakaladım. Konuşmadan sonra o şaka niyetinde dedi ki:

" Sayın Messing, size çıkış kartınızı imzalamazsam buradan çıkabilir misiniz?"

Ruhumda oyun oynama hissi uyandı:

"Bu kâğıt olmadan? Onu hatıra olarak saklayın!"

"Bekleyin! Korumaları uyarmam da sizi durdurmaz mı? "

"İstediğiniz kadar uyarın!"dedim.

Baş korumaya telefon edildi. "Messing'i imzalı çıkış kartı olmadan bina dışına çıkarmayın!" talimatı verildi. Sekreter hanıma da, benden on adım ötede, hareketlerime müdahale etmeden, takip etmesi emredildi.

İki dakika sonra dışarı çıktığımda, biraz önce bulunduğum, üçüncü kattaki odanın penceresine baktım, konuştuğum kişiyi gördüm. Ruhumdaki oyunbazlıkla ona el salladım. Sanki gülmüş gibi geldi bana. Merkez bankasında nasıl para aldığımı hatırlayın... Düşünüyorum ki bu örnekler, yaygın olan, hipnozun tesiri altında bulunan kişinin ahlakına, terbiyesine, vicdanına aykırı bir hareket yapmayacağına dair şüphe altında bırakır.

Bu deneylerin yapıldığını bir yerde okumuştum: Hipnotizmanın tesiri altında bulunan kişiye tabanca vermişler (kuru sıkı tabanca) ve yolda geçen bir adama vurmayı telkin etmişler. Denek vuramamış. Ama hipnotizmanın tesiri altında bulunan kişiye, yolda yürüyen adama değil, parkta eğlenceli bir hedefe vurduğu telkin edilebilir.

Belki ben de tren görevlisini biletsiz yolcu taşıma isteğini yani görevinde usulsüzlük yapmayı telkin edemem. Ama bir kâğıt parçasını bilet olarak görmesini telkin edebildim. Telkin, görevlinin vazifesi ile çelişmedi.

Aynı şekilde eminim ki bahsettiğim vakalarda her iki binanın kapısında bekleyen görevlilere, görevlerini ihmal edip, yabancı olan Messing'i izin vermelerini telkin edemezdim. Ama izin kâğıdı olmadan içeri alabilecekleri bir makamda bulunan, yakından tanıdıkları kişi olduğumu ve görevi gereği içeri almaları gerektiğini telkin edebildim. Maalesef, hipnoz yapabilen insanların hepsi sabit manevi prensiplere sahip değildir.

Avrupa ülkelerinde gürültü çıkaran bir banka soygunu hikâyesini anlatmak istiyorum. Bu olay, çok sık rastlanan banka soygunlarından biridir. Bankada kasaların bulunduğu oda yeraltındaydı. Odanın bir girişi vardı ve kapıda 24 saat muhafız bekliyordu. Diğer bekçiler ise yakınlarda iskambil kâğıdı veya domino oynuyorlardı veya dinleniyorlardı.

Bir akşam her zamanki gibi banka kapanışında, kasalar mühürlendi ve banka memurları evlerine dağıldı. Bu saatten sonra kasaların bulunduğu odaya bir tek yerleri silen dede girdi. Önce bekçilerin odasını sildi, sonra kasaların bulunduğu odayı. Oradan çıkınca her zamanki gibi kasasına oturdu ve sigarasını içti, sonra o da evine gitti. Ertesi sabah ise kasalardan biri açılmıştı. Temizlikçi dede zan altında kalmadı. Sadece sınırı kaçak geçmek istediği için tutuklandı.

O, soyguncu değildi. Sadece soygundan iki gün önce yaşlı bir adam ona geldi ve kimseye söylemeden yurtdışına giderse kendisine büyük miktarda para verebileceğini söyledi. Temizlikçi dede kabul etti ve iki akşam boyunca o yaşlı kişi, ilk gün belki, ortamı öğrenmek için bankayı ziyaret etti, muhafızların ortamını öğrendi ve bekçilerin yanından geçti. Herkes de onu uzun zamandır alıştıkları, kendilerinden biri olarak görüyordu, Ama sonradan tespit edildi ki adam, temizlikçi dedeye hiç de benzemiyor.

Bu vaka açıklanabilir mi? Bunu biraz önce anlattığım, ani hipnoz yeteneğine bağlıyorum. Gördüğünüz gibi dolandırıcı kişiliğine sahip olan kişi hipnotizma yeteneğini kendi çıkarı doğrultusunda kullandı. Eminim ki muhafıza yabancı bir adamı içeriye almasını telkin edemezdi -bu telkin muhafızın görevi ile çelişirdi- ve başarılı olamazdı. Ama muhafıza, eskiden beri tanıdığı bir kişiyi gördüğünü telkin ettiği için hiçbir karşılık ve itiraz görmedi, büyük bir emek ve irade konsantresi gerektirmeden amacına ulaştı.

Rusya'da hipnotizma ile uğraşmanın belli kurallara bağlandığını doğru olarak değerlendiriyorum. Ama hipnotizmaya dair gerçeği herkesin bilmesi gerektiğini düşünüyorum. Bilim adamlarını da bu konuyu ayrıntıları ile incelemeleri gerektiğini düşünüyorum.

HALK TIBBI İLE İLGİLİ BİRKAÇ SATIR

...Belki siz de hocaların kanı okuduğunu duymuş veya okumuşsunuzudur. Derin bir yaradan kan akıyor, pınar gibi fışkırıyor. İri bir damarın yara aldığı belli. Hoca yaranın üzerine eğiliyor, anlaşılmaz kelimeleri fısıldıyor. Yarayı silince hemen kuruyor. Kan akıntısı hemen kesiliyor...

"Dişleri okumak" diye de bir tabir duymuşsunuzdur. "Dişlerimi konuşarak oyalama" manasını taşıyan bir tabir vardır, genelde bu daha yaygın olarak kullanılır. Bu eski çağlarda diş hekimlerin bulunmadığı Beyaz Rus, Polonya ve Rus köylerinden yayılmıştır. Ama eminim ki insanların dişleri her zaman çürürdü ve ağrı yaratırdı. Onları nasıl tedavi ederlerdi? Okumalarla-üflemelerle tedavi olunurdu. Hoca, hastanın yanına gelirdi ve bir takım kelimeleri fısıldardı, bazı vücut hareketler yapardı ve diş ağrısı kesilirdi. Daha doğrusu insanın ağrıyı hissetmesi kesilirdi.

Her ikisi de "kanı okumak" da "dişi okumak" da birkaç saniye sürüyor.

Şaşırtıcı değil mi? Ama burada mucizevî olan bir şey yok. Ne iyi, ne de kötü "doğa dışı" güçlerin katkısı yoktur. Bu olay da bir tür hipnozdur. Bunu bu kadar emin olarak söylüyorum çünkü kendim de, en meşhur hocalar gibi dişleri ve baş ağrısını "okumayı" biliyorum. Bunu binlerce kez yaptım. Ve her zaman "on ikiden vurdum".

Elbette, dua ve fısıltılara başvurmadan yapıyorum. Dua ve fısıltılar gerekmiyor. Sadece hastamın yüzüne bakıyorum ve kendi sağlıklı çenemi ve sağlıklı dişimi düşünüyorum. Aynı zamanda hastamla onun hastalığı ile ilgili konuşuyorum ve onun diş ağrısı kesiliyor. Bu işlem için, bu satırı okumak için kaç saniye harcadı iseniz o kadar zaman lazım.

Aynı yöntemle baş ağrısını da kesiyorum. Büyük ihtimalle Orta Asyalı hocalar aynı yöntemle yılan ısırıklarını tedavi ediyordurlar. "Büyük ihtimalle" diyorum, çünkü şahsen bu kişilerle tanışma fırsatım olmadı.

Bana da, hocalarda diş ağrısı veya baş ağrısı şikâyeti ile gitmenize gerek yok. Ağrıyı bloke ederek doktora gitme ihtiyacınızı unutturabilirim ve siz tedavi olabilecek dişinizi kaybedebilirsiniz.

Hoca sadece ağrıyı hissetmemenizi telkin ediyor, doktor ise ağrının nedenini kaldırmak için tedavi öneriyor. Ama ağrı gereklidir; ağrı vücutta bir sorunun olduğunu gösteren bir işarettir.

Burada fazla incelenmemiş ve nadir rastlanan bir hipnoz türünden bahsetmek istiyorum. Edebi bir örnekten başlamak istiyorum.

Aleksadr Kuprin'in "Olesya" adlı hikâyesinden başlamak istiyorum. Bu hikâyeye göre Marina Vladi'nin katılımı ile "Cadı" filmi çekilmiştir. Yazarın bu hikâyesi, bence, en iyi eserlerinden biridir. Bu hikâyeden birkaç satır aktarmak istiyorum:

" Size nasıl bir şey göstersem? diye düşündü Olesya. Belki bunu, bu yolda önümde yürüyün... Sadece arkanıza dönmeyin!

"Korkunç bir şey mi olacak?" Hoş olmayan bir sürpriz beklentisini gülücüğümle gizlemeye çalışarak sordum.

"Hayır! Ufak bir şey! Yürüyün! ..."

Meraklandım ve arkamda Olesya'nın bakışını hissederek öne doğru yürümeye başladım. Yaklaşık yirmi adım sonra dümdüz bir yerde ayağım burkuldu ve aniden düştüm.

"Yürümeye devam edin!" diye seslendi Olesya "Arkanıza dönmeyin! Bu bir şey değil, düğününüze kadar iyileşir. Düşerken yere tutunun!"

Yürümeye devam ettim. On adım daha ve gene uzandım. Olesya kahkahâlârla güldü ve alkışladı.

"Bunu nasıl yaptın? " dedim şaşkınlıkla...

"Gizlenecek bir şey yok. Zevkle size anlatırım. Korkarım ki anlamazsınız... Anlatamayacağım..."

Gerçekten onu tam olarak anlamadım. Yanılmıyorsam bu özel fokus adım adım arkamdan yürüyerek, ayağını benim ayağımla uygun şekilde atarak, gözünü almadan bana bakıp benimle bir bütün oluğuna dayanıyor diyebilirim. Böylece birkaç adım yürüdükten sonra, o benim önümde, yerden birkaç santim yükseklikte bir ipin çekildiğini hayal ediyor. Ayağımla o ipe dokunacağım an Olesya düşme hareketini yapıyor ve o an, ona göre her kişi, sağlam bir kişi de düşer... Halktan çıkmış Fransız cadılar da aynı durumlarda sevimli cadının kullandığı metoda başvuruyorlardı."

Buna benzer bir olayı Lion Feyhtvanger daha önce de bahsettiğim Lautenzak kardeşleri hakkındaki romanında dile getiriyor. Oskar Lautenzak ve Paul Kramer'in buluşmasını hatırlar mısınız, akıllı ve yetenekli gazetecinin lokantadan çıkmakta zorlandığını, dönen kapıda takıldığını ve kapıcının yardımı ile bu durumdan kurtulmuştu...

Yazarca fark edilen ve anlatılan buna benzer epizotlar çoktur. Ama maalesef bu tür olayların bilimsel açıklamasına hiç rastlanmıyor.

Yazık! Cesurca bir fikri dile getirmek istiyorum: Dünya kadar eski olan halk tıbbı ile ilgili bilgileri toplamaya ve analiz etmeye tüm bilim adamlarını davet ediyorum! Bugün eczacıların kataloguna yerleşen, ama eskiden halk tıbbında, kara cahil hocalar ve köy cadıları tarafından kullanılan bitkiler az mı? Sanayide kullanılan halk tarifleri ve metotları az mı? Kutsanarak muhafaza edilen, nesilden nesle geçen gizemli sanatı bilen kişinin ölmesi ile mezara gömülen, asırların akışında kaybettiğimiz bilgiler ne kadardır? Müze vitrinlerinde, doğulu eski demirciler yaptıkları pullat uçlar gizemli yoğun desenler göze çarpıyor, bugün pullatın sırrı hâlâ çözülemedi. Delhi'de paslanmaz demirden bir sütün vardır, bugün üretilen paslanmaz çelik nerede? O yok! Ebedi tazeliği ile insanı fetheden eski Mısırlı ressamların balmumu boyaları hakkında da fazla bir şey bilmiyoruz...

Belki de, insanoğlunun gençliğinden, eski asırlardan gelen halk tıbbı, batıl inanç ve şarlatanlıktan başka bir şey değildir. "Görecelilik kanunun bırakın, çarpım tablosunu bilmeyen bu cahil insanlar bize neyi öğretebilirler?" diyenler var. Bilgi ve beceri birbirinden tamamen farklıdır. Beceri için bilgi şart değildir. Eskiden seyahatçiler ve gemiciler, dünyanın yuvarlak olduğunu bilmeden, manyetik alanın ne olduğunu bilmeden pusula kullanırlardı. (Biz de bugün pusula kullanıyoruz ama bilim adamaları dünyanın manyetik alanının kaynağını bilmiyorlar.) Demirciler çeliğin kristal değişimleri ile ilgili bir şey bilmeden onu kızdırabiliyorlardı. Köylü hocaların ve cadıların "pusula" ve "çelik" sırlarının kaybolmaması için onların becerisini modern bilim ile birleştirmek lazım. Peki, tüm bunların benimle ne alakası var? Direkt benimle alakalıdır. Ben de kendi irademi, mesela kişinin ensesine bakıp, telkin edebilirim. Veya ona hiç bakmadan da yapabilirim.

Bunu çok nadir kullanıyorum. Ama hayatımdan bir örnek sunmak için hafızamın sayfalarını yokluyorum...

Moskova'da bir Bakanlığa ait sıcak bir odayı hatırladım.

Her şey yolunda gidiyor. Seyirciler benim ne yaptığımı, hep beraber ve iyi niyet ile çözmeye çalışıyorlar. Ben da aynı derecede iyi niyetimle bu konuda onlara yardımcı olmak istiyorum...

Aniden salonda, buranın en büyük şefinin top gibi gölgesi gözüküyor. Herkes selamlayarak ayağa kalkıyor. Şef ise selamlara cevap vermeden, suratını asıp, şüphe ile bana bakıyor.

"Bana inanmazsınız değil mi? İnanmanız için sizi balerin yapacağım! dedim kendi kendime. Ona hitap ederek: "Benim induktorum olur musunuz?" dedim ve şişman müdür, benim düşünsel emrim ile şaşkın elemanların bakışları altında, sıraların arasından balerin gibi zıplayarak sahneye, bana doğru gelmeye başlıyor.

Hipnoz mu? Muhakkak. Roman kahramanları olan Olesya ve Oskar Lautenzak'ın sahip oldukları yetenek gibi.

Hipnozu psikolojik hastalıkların tedavisi için kullandığımı anlatmazsam yanlış olur. Bunu uzun yıllar önce yaptım, o zamanlarda ne hipnozun özünü, ne ilmi referanslardan haberim vardı, sadece kendi iç sezgime dayanarak bunu yaptım. Anlatacaklarım uzmanların tepkisini çekebilir, beni yanlış hareket etmekle suçlayabilirler, ama olan oldu.

Polonyalı bir asilzade, çevredekilere rahatsızlık veren ve çok garip bir hastalığa yakalandı. O, sanki kafasında güvercinler yuva yapmış gibi bir hisse kapılmış. Evet, bildiğimiz güvercinler...

Kafa yemenin bir şekli mi? Evet, böyle olabilir. Ne kadar cazibeli bir fikir değil mi?

"Kafamda güvercin yuvası var!"

Doktorlara başvurdular. Ama asilzadenin çok kötü bir huyu vardı, tedavi olmayı kabul etmiyordu. Her yola başvurup, onu kandırarak, ameliyata götürüp, kafasını ikiye bölecekler diye düşünürdü. Bu durumdayken bana başvurdular.

Hastanın sağduyusunu hitap edip, kafasında güvercinlerin yuva kuramayacaklarına ikna etmeye çalışmadım. Tam tersi, taşınabilir teleskopa benzer, vidalı ve tekerlekli, uzun bir boru getirdim. Borunun yardımı ile adamın kafasını inceledim:

"Evet asilzade, haklısınız. Kafanızda güvercin yuvası var. Üstelik kocaman bir yuva varmış. Tam bir güvercin evi olmuş."

"Bir şüphem yok. Gece, gündüz kanatlarını çırpıyorlar... Bir keresinde kedi saldırdı yuvaya. Bir gürültü oldu, anlatamam. Başım parçalanacaktı neredeyse. "

"Anormal kiracılarınızı kovabilirim kafanızdan. Bir daha dönmeyecek şekilde onları kovabilirim."

"Size minnettar olurdum..."

"Teleskopa" bir daha bakıp, güvercinleri "saydım", onları nasıl kovacağımı kabataslak planladıktan sonra evime döndüm. Ertesi sabah erkenden asilzade beni almaya görevlisini göndermiş.

"Yumurtadan güvercinler doğdu!" diye mutlu bir şekilde müjde verdi bana.

Optik camı olmayan "teleskop" gene devreye girdi. Yeni doğan güvercinler onaylandı. Ertesi günü asilzadenin kafası köklü bir şekilde temizliğe tabii tutulacaktı.

Asil zadenin yakınları ile önceden anlaştım ve üç yardımcım canlı güvercinlerle bahçeye geldiler. Hastanın gözlerini bağlayıp, aşağıya indirdim. Verdiğim işaret ile yardımcılarımdan biri güvercini bıraktı, hastanın yüzünün önünde tabanca ile güvercini vurdum. Sonra cebimden önceden vurulmuş bir güvercini onun eline verdim.

"Bir tanesi hazır! Havada onu vuramasaydım, kafanıza geri dönecekti. Şimdi ise bir yaramazlık yapamaz! Her şey bitti!" dedim.

İki kere bu planı uyguladım, sonra "yavru güvercinler" yuvayı korkudan terk ettiler.

Sonra yüzündeki bağı çıkarıp, gözünü açmasına izin verdim. Bahçesindeki büyük palamut ağacının dibinde güvercinleri gömdüğüne şahit oldum.

Birkaç yıl, tamamen iyileştiğini zanneden yakınlarından birinin kendisine gerçeği anlatana kadar asilzadenin kafası temiz kaldı. Gerçeği öğrenen asilzade çığlıkla kafasına sarıldı... O andan ölümüne kadar "güvercinler" başında yaşamaya devam etti. İkinci kez tedavi etmenin imkânsız olduğunu düşünüyorum.

Bu nedir? Şarlatanlık mı? Hayır, hipnoz! Telkin etme. Sadece hastamın akıl düzeyine indim ve onun anlayacağı yöntemle hastalığını yok ettim. Daha doğrusu hasta olmadığına ikna ettim. Adam bana inandı ve hayatının sonuna kadar sağlıklı kalabilirdi ama...

Hipnozla alkolden, nikotinden ve sigara dumanından ve diğer uyuşturucu maddelerden nefret etmeyi telkin ediyorum.

Hemen belirtmem gerekir ki profesyonel olarak hipnozla uğraşmıyorum, tedavi etme ricası ile bana başvurmanıza gerek yok. İçkiyi bırakacak kadar iradeniz kuvvetli değilse doktorlara başvurun. En bağımlı ayyaşları bile tedavi edecek, binlerce kez denenmiş yöntemleri vardır onların. Eğer sigarayı bırakmak istiyorsanız içmeyi kesin, o kadar. Bir insan tüm iradesini avucuna toplayıp, bir yıl boyu sigarayı ağzına almamayı başaramayacağına inanmıyorum. Bundan sonra sigarayı ağzına alsa bile, onu içmekten hiç zevk almaz. Sadece o alışkanlığı yeniden edinmeye gerek yok.

Sigaradan ve alkolden sadece yakın tanıdıklarımı birkaç kez tedavi ettim. Hastalarıma içkiden tiksinmelerini telkin ederken kendimde aylarca alkollü içkilerin en hafif kokusuna bile dayanamıyordum. İçkilerden tiksinme beni de kapladıktan sonra bu duyguyu hastalarıma aşılıyordum.

Belirlediğim tedavi süresi sona erdiğinde bendeki şaraba karşı hissettiğim nefret duygusu etkisizleşiyor. Ama tedavi ettiğim kişide o duygu yıllarca kalıyor. Sonrası ise kişiye bağlıdır.

Çok sigara içerim. Ama tütünden nefret etmeyi telkin ettiğim seanslarda ben de sigara içmeyi bırakıyorum ve tütünün en hafif kokusu bile bende titreme krizini yaratıyor. Bir telkin kurunu tamamladıktan sonra sigara içebiliyorum.

Hipnoza dair anlatacaklarım bunlar. Ama bu sayfalarda söylediğim düşüncemi bir kez daha tekrar etmek istiyorum. Hipnoz çok az incelenmiş bir alandır. Bu alanın incelenmesi değişik imkânlara yol açabilirdi.

Bu iddiamı yabancı bir örnekle desteklemek istiyorum. Birkaç yıl önce medyada hiç bilinmeyen "hipnopedi" kelimesi gözükmeye başladı. Hipnozun özel bir yöntemi ile uygulanan yeni bir eğitim metodu bu şekilde adlandırılmıştı.

Bu yöntemin özü çok basittir. Mesela siz İngilizceye vakıf olmak istiyorsunuz. Dil öğrenmenin ne kadar karmaşık ve sabır isteyen bir iş olduğunu biliyorsunuz, özellikle çocukluk çağında değilseniz. Kelime ezberlemek en çok eziyet veren kısımdır. Hipnopedi sizi bu eziyetten kurtarıyor. Kelime ezberleme işi uyku saatlerinize aktarılıyor.

Öğrenciye uyku esnasında, yavaş bir sesle (teyp ile) dersin içeriğini kulağa "fısıldıyor". Bir defa, ikinci defa... İnsan uyuyor, genelde rüya bile görmüyor, kendisine de şaşırtıcı gelecek ama sabah ödevinde olan kelimelerin tümü biliyor olacak. Böyle bir "gece" ödevinin şu an 30–40 kelimeden oluştuğunu okudum, hipnopedi metodunu bilen uzman öğretmenlere göre bir gecede 300 kelime uygulanabilecek bir düzeydir. Yabancı öğrenmeye çalışan herkes 300 kelime ezberlemenin nasıl bir eziyet olduğunuz bilir. Hipnopedi metodu ile bu süreç hiç fark edilmeden gerçekleşiyor. Hipnopedi nedir? Eminim ki bu hipnozun az bilinen bir türüdür. Gittikçe daha yaygın kullanılmaya başladı, yetişkinlerin ve çocukların eğitim sürecini hızlandırmak açısından en önemli yöntem olacaktır. Normal hipnozu tıpçıların daha yaygın kullanmaları gerekir, zamanı geldi artık. Hipnoz, tehlikeli bir silahtır. Onu, atom enerjisini kullandığımız gibi dikkatli kullanmalıyız.

Beşinci Bölüm

DİREKT ÖNGÖRME

Bu bölüm benim için en zor bölümdür. Önceden de yazdığım gibi ben maddeciyim, detaylarına kadar inip anlatamazsam da kesin olarak anlatabilirim ve eğer bazen benim görüşüm bu veya diğer bir bilim adamının görüşü ile uyuşmuyorsa da bu işin özünü değiştirmiyordu. Eninde sonunda bilim sanatımı açıklayan bu veya diğer bilgiyi gerçek bilgi olarak kabul edecek, bu benim için önemli değil. Benim için önemli olan, bu maddi mekanizmanın bulunacağından emin olmak.

Şimdi sıra benim de net olarak açıklamakta zorlandığım bir grup vakalara geldi. Herhangi bir teorik gerekçe bile veremiyorum. Ama bunları dile getirmek zorundayım, çünkü bunlar birer gerçektir, gerçekler de inatçıdır, onları dile getirmek zorundayız ve ben ulu Rus bilim adamı Dmitriy Mendeleyev'in kabul görülen çerçevenin içine sığmayan vakalarla ilgili: "Onlara karşı kayıtsız kalamayız, onları tahlil edip, genel kabul görülen doğal gerçeklerle açıklanan kısmını, hayal ve halüsinasyon dünyasına ait kısmını, utanılacak kandırmacadan kaynaklanan kısmını ve nihayetinde bizim bilmediğimiz doğa kanunlarına göre gerçekleşen, açıklanamayan olaylara ait olanı ayırt etmemiz lazım. Bu şekilde incelendikten sonra bu olguları cazibeli kılan gizemlilik mührü kalkar, mistisizm için yer kalmaz" tavsiyesine uyacağım. Benim için de şaşırtıcı olan yetenekten bahsedeceğim. Konuyu gerçek olaylardan anlatmaya başlayacağım.

Otuzlu yıllarda Polonya'da genç bir bayan bana geldi. Fikirleri okuyabilen, başkalarında saklı olanları görebilen kişiye gelir gibi geldi.

Kendisine benzeyen yaşça küçük olan bir erkeğin resmini getirdi.

"Bu benim kardeşim. İki sene önce Amerika'ya mutluluğu bulmak için gitti. O gün bugündür hiç haber yok. Yaşıyor mu o? Bilebilir miydiniz?"

Sanayisi az gelişmiş, eski Polonya'dan ABD'ye, Güney Amerika'ya, Almanya'ya "mutluluğun peşinden" çok kişi giderdi. Yani, açlıktan ölmemek için bir iş bulmak için giderlerdi. Zavallı kadının uzattığı resme bakıyorum... Aniden o kişiyi sanki resimden inmiş gibi görüyorum: Biraz gençleşmiş, güzel bir takım giymiş... Bayan dedim ki:

"Merak etmeyin, pani! Kardeşiniz yaşıyor. Zor günler geçirmiş, ama şimdi rahat."

Bugünden itibaren, 13 gün sonra ondan mektup alacaksınız...

"İki yıldan beri ondan gelen ilk haber olacak..."

"O size daha sık mektup gönderecek."

... Kadın gitti, beni her zamanki gibi komşularına da olayı anlattı. Söylentiler yayıldı. Gazetecilerin kulağına da gitti tabii. Medyada tartışma başladı: Messing yanıldı mı? Yanılmadı mı? On üç gün sonra ilgili yerde Polonya'nın tüm gazetelerin temsilcileri toplandı. Akşam treni ile uzaktaki Filodelfiya'dan mektup geldi...

Bu olayla ilgili birçok gazeteler yazdı. O kader günü olan on üçüncü günden önce de sonra da çok yazıldı, çizildi. Bu olay bir sansasyondu.

İkinci olay birkaç yıl önce yaşandı. Bir gazetenin yayın merkezinde "psikolojik deneylerimi" gösteriyordum. Seansın bitiminde baş redaktörün odasına çağırdılar. 10 gazeteci vardı içeride. Sohbet, telepatinin imkânları hakkındaydı. Yeteneğim ile ilgili şüphelerini açıkladı. Yeni biten seanstan sonra biraz heyecanlı olan, kendine gelemeyen, bir de bu şüphelerle kamçılanmış olana dedim ki:

"Peki... Telepatinin gücünden emin olmanız için size bir fırsat vereceğim. Sayın gazeteciler, not defterlerinizi açınız..."

Bazıları ilgi ile bazıları şüpheci bir gülümseme ile ama herkes not defterlerini çıkardı. Not defterleri olmayanlar baş redaktörün masasından kâğıt aldılar. Kalemlerini çıkardılar.

"Yazmaya başlayın!" diyerek emir vermeye başladım, "Bugün 5 Haziran... 20 Haziran ve 25 Haziran arası... Özür dilerim sizin soyadınız neydi?". Oturanlardan birine sordum.

"İvanov İvan İvanoviç!" diye cevap verdi hemen.

"İşte siz, 20 Haziran ile 25 Haziran arası terfi edeceksiniz. Yeni bir makama kavuşacaksınız. Herkesten ricam bu olay gerçekleşince lütfen beni arayın... Herkes yazdı mı? Birkaç hafta sonra haklı mıyım, haksız mıyım belli olacak."

22 Haziran'da değişik saatlerde beni dört kişi aradı. İvanov büyük gazetelerden birinde baş redaktörlüğe tayin edilmiş...

Bu olayın tüm şahitleri hayatta ve o günü hatırladıklarını düşünüyorum, 5 Haziran. Sadece İvanov soyadını baş redaktörler listesinde aramayın. Bu olayın geniş kitlelere yayılmasını o hoş karşılar mı bilmiyorum, dolayısı ile ne gazete adını, ne adamın gerçek adını açıklayamam.

Bunu nasıl başardığımı da sormayın. Dürüstçe ve açıkça söylüyorum. Kendim de bilmiyorum. Telepatinin mekanizmasını bilmediğim gibi.

Emin olarak söyleyebilirim ki bu veya diğer bir kişinin kaderi sorulduğunda, bu ve başka bir olay gerçekleşir mi veya gerçekleşmez mi diye sorulduğunda kendime inatla sormam gerekiyor: Olacak mı? Olmayacak mı? Belli bir müddet sonra içimde bir inanç doğuyor: Evet, olacak. Veya hayır, olamayacak... Çoğunluk, istemeden de olsa, Messing, dünyanın maddi açıklaması ile zıtlaşıyor diye düşünebilir. Fikirlerimi izah etme cesaretini göstermeliyim.

Birinci, maddeci olarak yeteneğimde bir damla bile bilinmeyen, olağanüstü bir şeyin var olduğuna hiç ihtimal veremem.

İkinci olarak, zamanla bu yeteneğin de maddi açıklaması bulunacağından eminim. Yukarıda bahsettiğim iki örnek de telepatik özelliklerimin bir göstergesidir. Bana gelen kadının kardeşinin resmine baktığım anda, belki o mektubu yazıp, on üç gün sonra ulaşacağını sayıyordu. Onun bu düşüncesini "beynim" okumuş olabilir. Aynı şekilde üst makamlarda, gazete merkezinde oturduğum anlarda, İvanov'un terfi meselesi kararlaştırılıyordu ve ben bunu duydum, gazetecilere bildirdim.

Ama kendim de görüyorum ki diğer olguları açılamak için bu tez yetersiz kalıyor. Büyük toplumsal olayları da öngördüğüm olmuştu.

1937 yılında, yani 2.Dünya Savaşı başlamadan önce uluorta Hitler'in Doğu'da boynunu kıracağını beyan etmiştim. Yüzlerce kişinin bulunduğu bir Varşova tiyatrosunda yaşanmıştı bu olay. Polonya gazeteleri manşetten yayımladılar demecimi. Bu demeçten dolayı Hitler, canıma karşılık büyük bir ödül koydu.

Hayatımda ilk defa karşılaştığım kişinin kaderini en iyi şekilde hissedebiliyorum veya onu şahsen görmesem de ona ait bir eşyayı elimde tutarken ve onun yakınlarından veya akrabasından biri yanımda, onu düşünürken... Anlattığım göçmen ile ilgili olayda aynı durum yaşanmış idi; resmini elimde tutuyordum, ablası ise yanımda onu düşünüyordu.... Aklımdaki yüzlerce buna benzer olayları düşünürken, hatalı bir olayın üzerinde duramadan geçemem. Aslında tamamen hatalı değil...

Gene Polonya'daydım, bana orta yaşta bir kadın geldi. Beyaz saçlı, yorgun ama iyi niyetli bir yüzü vardı. Önüme oturdu ve ağlamaya başladı...

"Oğlum... İki aydır hiç ses seda yok... Ne olmuş ona, öğrenebilir misiniz?"

"Bana onun resmini, ona ait bir eşya verebilir misiniz? Belki onun mektupları vardır sizde?"

Kadın mavi, resmî zarfı bana uzattı. Yer yer mürekkebi dağılmış bir kâğıdı çıkardım içinden. Görünüşe göre bu kâğıt parçasına az yaş dökmemiş şefkatli anne. Bu durumlarda mektubu okumam şart değil ama gene de okudum. "Sevgili anne!"diye başlıyordu mektup ve "senin oğlun" diye bitiyordu... Odaklandım. Görüyorum ki net olarak görüyorum, bu sayfaları yazan kişi ölmüş... Kadına dönüp:

"Pani, metin olun. Güçlü olun... Bu hayatta daha çok işiniz var. Kızınızı düşünün, o, torununuzu bekliyor... Siz olmadan o bebeğini büyütemez."

Tüm çabalarımla bana sorduğu sorudan onu uzaklaştırmaya çalıştım. Anne yüreğini kandırabilir misin? Nihayetinde söyledim:

"Vladik ölmüş..."

Kadın hemen inandı. Ancak yarım saat geçtikten sonra elinde ıslanmış mendilini sıkıştırarak yanımdan ayrıldı.

Bu olayı unutmuştum bile. Bir günde iki veya üç kişi benimle görüşüp hayatlarını, dertlerini anlatıp, soruyor, yardım istiyorlardı. Simalarım mozaiğinde o iyi niyetli kadının yüzü, oğlunu arayan hüzünlü gözler kayboldu. Şu an bu olayın devamı yaşanmasaydı ben de o kadını hatırlamazdım...

Yaklaşık bir buçuk ay sonra bir tebliğ aldım: Çok acil geliniz. Daha yeni döndüğüm o şehre beni yeniden davet ediyordular. İlk trene binip gittim. Vagondan indiğimde insan kalabalığı beni bekliyordu. Ama ne selamlamalar, ne yüzlerinde gülümseme, ne ellerinde çiçekler vardı insanların. Genç bir adam öne çıktı:

"Siz Messing mi siniz?"

"Evet, ben Messing'im."

"Şarlatan Messing, bizden iyi karşılanmayı beklemiyorsunuz, değil mi?"

"Neden şarlatan oluyormuşum? Ben hiç kimseyi kandırmadım, hiç kimseyi üzmedim."

"Ama siz hayatta olan kişiyi toprağa verdiniz."

"Ben mezarcı değilim."

"Siz neredeyse, bu kadının ölümüne neden olacaktınız. Benim zavallı annemin."

Kadının yüzünü yavaş yavaş hatırladım.

"Kimi canlı canlı toprağa verdim?"

"Beni!" dedi genç adam.

Genelde bu tür olaylarda anlaşmazlığı çözmek için Ravin'e gidilirdi, biz de Ravvi'nin evine gittik. Orada tüm hikâyeyi hatırladım. Kadından ricada bulundum:

"Bana getiridiğiniz mektubu verir misiniz?"

Çantasını açıp mektubu çıkardı. Mektup aynı mavi zarfın içindeydı, sadece göz yaşları çoğalmıştı. Bu göz yaşlarının suçlusu bendim! Dağılmış mürekkepli kağıda bakıyorum, bir kez daha mektubu yazan, "Oğlun Vladik" diye imzalayan insanın öldüğüne dair bir inanç doğuyor içimde. Ama o zaman bu genç adam kim?

"Adınız Vladik mi?"

"Evet, Vladislav..."

"Bu mektubu kendi ellerinizle mi yazdınız?"

"Hayır."

Bu cevap benim için dünyayı aydınlatan bir fişek gibiydi."

"Kim yazmıştı?"

"Arkadaşım. Ben, ona söylüyordum o da yazıyordu. Benim elim ağrıyordu. Hastanede beraber kalmış idik."

"Anlaşıldı. Arkadaşınız öldü mü?"

"Evet. Ölümü ani oldu, yarası hafifti, beklemiyorduk. "

Kadına dönüp:

"Pani, benimle görüştükten sonra döktüğünüz göz yaşlar, için sizden özür dilerim. Ama her şeyi bilemezsin. Siz bana bu mektubu verdiniz ve oğlunuzun yazdığını söylediniz. Ben mektubun "anne" diye başladığını ve "senin oğlun" diye bittiğini okuyorum... Ben bu kelimeleri yazan ellerin ölü olduğunu görüyorum... Bu sebepten dolayı oğlunuzun öldüğünü söyledim."

... Bu olayı ayrıntısı ile anlatmamın nedeni, belki bugün gizemli olan, ama mutlaka maddi bir açıklaması olan bu yeteneği inceleyen bir kişi için, bu olayın gariplikleri ona yardımcı olur. Eminim ki bugün belli olmayan bu olgunun mekanizması eninde sonunda açıklanmış olacak.

İçsel sezgi metodum benim içinde, başka birisi için hiç anlaşılır değil. Ama inanıyorum bu "metot" veya "yöntem" -nasıl adlandırmak isterseniz- maddi temele dayanıyor, işleyen maddi bir mekanizması var.

Bu yetenek bir tek bende değil. Tarihe bakarsanız, arşivleri, günlükleri, hatıraları karıştırırsanız beklenmedik ve net olarak gerçekleşmiş binlerce iç sezgiye dayanan kehanetlere rastlayabilirsiniz.

18.yüzyılın sonunda şu olay yaşandı: Üç genç zırhlı subay Parisli bir falcı kadına gittiler. Kadın kayıtsız birinci subaya bir şeyler anlattı, ikinci subaya da bir şeyler anlattı. Aniden kadın yerinden kalkıp, kısa boylu, hareketli, neredeyse çocuk diyebileceğin üçüncü subayın önünde diz çöküyor, heyecanlı sesle:

"Önümde Fransa'nın imparatoru var! Hayatımın en muhteşem gününü yaşıyorum!"

İmparator olduktan sonra Napolyon Banopart falcı kadının bulunmasını emrediyor. Bu sefer de kadın onun geleceğini görüyor: Okyanusta, yalnız bir adada sürgünde ölüm. Bu vaka, imparatorun hayatını konu alan tüm kitaplarda anlatılıyor.

...Petersburg'lu bir falcı kadına bir grup genç adam geliyor. Onların arasında başımı eğdiğim bir kişi var. Beni fetheden sadece onun şairlik kabiliyetinin gücü değil... Rusya'da toprak köleliği hukuku hüküm ettiği yıllarda -çocukluğundan beri bu düzene karşı idi- özgürlüğün savunucusu idi. O, asil bir aileden geliyordu, o ortamda ise Çar her zaman yüceltilirdi, ama o Çarla ilgili epigramlar yazdı. Kilise devletin meşrutiyet dayanağıyken, onun esas parçasıyken, din tüm topluma yayılmışken o, bir ateist idi. Hayatın her dalında ideolojik anlayışlar hükmederken o bir maddeci idi. O Aleksandır Puşkin'di. Falcı kadın:

"Otuz yedi yaşınızda öleceksiniz, ölümün beyaz bir attan veya beyaz bir insandan gelecek."

Puşkin elbette ki güldü. Otuz yedi yaşında Dantes'in hain kurşunundan öldü, Dantes doğasından açık tenli idi. Bu olay, V.Veresayev'in "Hayat içinde Puşkin" adlı muhteşem kitabında anlatılıyor.

Eski çağlarda savaşçıların önderleri din adamlarına danıştığı biliniyor ve kimseyi de şaşırtmıyor. Ben Hitler'in, Pisudskiy'in hocalara başvurduğunu biliyorum. Uinston Çerçil ünlü basiretli asilzade Gammone'ye danıştıktan sonra siyasi hayata atıldı.

Evet, biliyorum, "direkt idrak etme", "direkt görebilme", uzun yıllar boyunca, hatta asırlar boyunca çoğu medeni ülkelerde şarlatanlık olarak görülüyor ve ciddi insanların ilgi alanına girecek bir konu gibi algılanmıyor. Ama son yıllarda bazı yerlerde bu alana ilginin mahiyeti değişiyor. Çok sayıda bulunan şarlatan derneklerini ve kurumlarını kastetmiyorum. Mistik kabuğundan arındırıp, geleceği direk görebilme yeteneğinin mekanizmasının çözmeyi ve bunu insanlık için faydalı şekilde kullanmayı amaçlayan bilimsel örgüt ve dernekleri kastediyorum. Görüldüğü gibi 1953 yılında Hollanda'da kurulan Parapsikoloji Enstitüsü bu tür kurumlardan biri, "Syans evi" adlı Fransa'da yayımlanan bir dergide bu kurumla ilk kez karşılaştım. Dergide yazdığına göre, Enstitü Millî Eğitim Bakanlığı ve Polis teşkilatı ile işbirliği içinde.

Makalede, Enstitüde görevli olan Krauze, herhangi bir ipucu bulunmamasına rağmen boğulan çocuğun cesedinin nerede olduğunu tahmin etmiş.

Diğer olayla ilgili resmi kişiler ve polis görevlileri tarafından imzalanmış tutanak hazırlanmış. Olayda bir bayan çok kıymetli gerdanlığını tuvalete düşürüyor. Ne mutlu ki gerdanlık iyi bir rakama sigortalanmıştı. Sigorta şirketi para ödemek yerine kayıp eşyayı aramayı tercih etti. Kanalizasyon boruları birkaç yerde delindi, ama borular tüm şehri kaplayacak şekilde yayılmıştı ve gerdanlığın bulunma ihtimali nerdeyse yüzde sıfır idi. O zaman basiretlilik kabiliyeti olan Gamar isimli birine başvurdular. Kendini olağan üstü derecede odakladıktan sonra, Gamar hangi kaldırımın neresi kazılacağını hatasız tespit etti ve toprağın altında derinde bulunan bir borunun içinden kaybolan kıymetli mücevher çıkarıldı.

Bilinen birçok gerçek olay var; mesela, "direkt görebilme" yeteneği olan bir kişi suçun nasıl işlendiğini, içinde bulunulan şartların tarifini ve suçlunun yüzünü net olarak tarif edebilmiştir. Bir tek bu sözel portreyi kullanarak polis şüphelendiği bir kişiyi tutukladı, bu kişi de yaptıklarını itiraf etti ve polisler "direkt görebilen" kişiden duyduklarının aynısını tutuklananın ağzından duydular. Zanlının şaşırması olağandı çünkü olay mahallinde ondan başka kimse olmadığından emin idi.

Okuduğum kitaplardan biliyorum ki yurtdışında bu olguyu incelemek amacı ile deneyler yapılmıştır. New York'ta Psikolojik dernek tarafından yapılan deneylerle ilgili okumuştum. Deneyler şu şekilde yapılıyordu: Denek – ona "direkt görebilen" diyelim – deneyenin karşısına oturuyordu. Deneyen de oyun kâğıdı destesinden herhangi bir kâğıdı çıkarıyordu, hangi kâğıt olduğunu ne kendisi, ne denek, ne de deneyin şahitleri görüyorlardı. Sadece kâğıdın ters tarafına bakan "direkt görebilen" kâğıdın adını söylüyordu. Sonra kâğıt açılıyordu ve deneğin haklı veya haksız olduğuna bakılıyordu.

Deneyi tam temiz ve şeffaf kılmak için deneğin ellerini devre dışı bıraktılar. Özel bir makineye oyun kâğıtlardan birkaç desteyi yerleştiriyorlar, makine onları otomatikman karıştırıyordu, sonra belli bir aralarla makine birer kâğıt atıyordu. Denek ise kâğıdın isimlerini söylüyordu, deney şahitleri sonuçları kayıt ediyorlardı. Bir seri, yani 25 kâğıt adı kaydedildikten sonra sonuçlar kontrol ediliyordu. Elde edilen sonuçlar matematiksel işlemden geçiyordu, şu an net sonuçları hatırlayamayacağım ama sonuçlar deneğin kâğıtları görebilme yeteneğine sahip idi.

Batı ülkelerinde bazı uzmanlar basiretliliği, aynı telepati gibi kabul görülmüş bir gerçek olarak algılıyorlar. Telepati araştırmacılar grubunun yöneticisi Dr. Raten, deney metodu ile onaylanmış olarak kabul ediyor.

Evet, geleceği öngörme, bilimsel öngörme değil, sezilerle öngörme vardır. Açıklanamaz gibi mi görünüyor? Evet, zamanın özüne dair, zamanla mekânın bağlantısına dair, geçmişi, bugünün ve geleceğin arasındaki ilişki hakkında sahip olduğumuz muğlâk anlayışımızla bu olgu şimdilik açıklanamaz. Herkes kabul eder ki geçmişle geleceğin birbirine nasıl bağımlı olduklarını hiç bilmiyoruz neredeyse. Hayır, ben Valeriy Brüsov'un "Zincire Halka" adlı şiirinde (1921) ifade ettiği gibi tamamen mekanik açıklamaktan yana değilim. Şiiri burada aktarmak istiyorum.

Bizim şehirlerimiz, taş dövmenin içinde,
Paranın vuruşu hançerden daha keskin
Hüzünlü müziğin uyumlu olmadığı yerdir.
Sadece ölümün ihtişamlı, hayatın ise yatırım olduğu yerdir,
Araviya'nin gür engin çöllerinde

Savlı kraliçe Solomon'u okşamaya geldiği yerdir.
Tesadüflerin hayalini kurmaya hakkımız yok.
Halkaların hepsi zincirde, dünya kanunlarına göre...
Ve sizin dudaklarınız öpücükle zehirlendi ise,
Bazen itiraz etmek istesen de
Vetoluya duvarının dibinde iki asker oyun oynadığı için.

Böyle bir demir, sert mekanik özü, "halkaların hepsi zincirde, dünya kanunlarına göre" diye düşünmeden, iradenin özgürlüğünü ilk sıraya alarak, emin olarak beyan ediyorum ki geleceği, geçmiş ve şimdiki an, tespit ediyor ve bu bağlantılar insanlara hâlâ tam olarak açıklanmış değildir... Böylece, bu bağlantıları incelemeyi iç sezgiler mekanizmasını araştırarak başlayabiliriz, kendi tecrübemden varlığından emin olduğum bu mekanizmayı görebilmeliyiz.

Başka alanlardan iki tane örnek vermek istiyorum: Birinci örnek, ani hesap yeteneği ile ilgilidir. Bu yeteneğe sahip insanlar her zaman, her millette rastlanmıştır. Bu yetenek genelde erken çocukluk çağda meydana çıkıyor, çocuk dört-beş yaşındayken matematiksel işlem hakkında hiçbir fikri yokken kareköklerini ve dereceleri hesaplamaya başlıyor. Yıllar sonra bu yetenek gelişiyor veya tamamen kayboluyor.

"Ani hesapçılardan" en ilginç vakalar Fransız Osaka, Hintli Sekuntara Devi, İtalyan Jan İnodi, Fransız Moris Darberg vs. Osaka mesela 402 420 747 776 576 gibi bir rakamın altıncı derecesinin kökünü hemen hesaplıyordu; Devi, 3-4 saniyede 42 haneli rakamın 20.derecesinin kökünü söyleyebiliyordu. Onun için imkânsız diye bir şey yoktu. "Ben imkânlarımın sınırına ulaşamadım!" demişti bir demecinde.

"Ani hesap uzmanlarından" yeteneğinin sırları sorulunca, verebildiğim cevaptan daha fazlasını veremiyorlar. Cevapların ortak manası şöyledir: Beyinlerinde kontrol edemedikleri rakamlar dizisi geçiyor, sonra cevap hazır olarak önlerine geliyor. Onlar çözümün aşamalarını takip ve analiz edemiyorlar.

Takip ve analiz edemiyorlar, çünkü çözüm aşaması diye bir şey yok. Sadece iradesini toparlaması sonucunda bir parıltı olarak göz önüne gelen nihai çözüm, son rakam var. Nasıl ki kâhin belli bir kişi veya bir olay hakkında bir gelişme göz önüne geliyorsa, bu da -mantık zincirine başvurmayan- nihai sonucu veren "direkt öğrenmektir".

İkinci örneği, Rus "Bilim – Kuvvet" dergisinin bir sayısında bulabilirsiniz. Buna benzer haberler başka dergilerde de yayımlandı. "Roza Kuleşova Fenomenini" kasdediyorum, parmaklarla görme yeteneğini.

Bilim adamlarının onunla yaptığı deneylerde bulunan kişi bana bunları anlatmıştı. Roza Kuleşova'nın gözleri bağlanıyordu. Ek olarak şeffaf olmayan bir ekran konuluyordu ki göremesin. Bu ikili engelden sonra eline şeffaf olmayan siyah bir torba veriliyordu. Bu tür torbaları fotoğrafçılar makinedeki filmi ışığa maruz bırakmadan değiştirmek için kullanıyorlar. Torbanın içinde aynı ebatta ama farklı renklerde kâğıtlar vardır. Roza Kuleşova kartların birini eline alıp rengini söylüyordu, sonra torbadan çıkarıyordu. Bunu yaptıktan sonra bile kartın rengini görmüyordu ve doğru veya hatalı olduğunu bilmiyordu. Hatalı olup olmadığını sadece deneyi hazırlayan komisyon üyeleri biliyor ve görüyorlardı. Roza Kuleşova'nın hiçbir hatası olmadığını belirten protokolü imzaları ile onayladılar.

Parmaklarının olağanüstü hassasiyetine dair tezi ortadan kaldırmak için hemen başka bir deney yapıldı. Kâğıt üzerinde kabarık harflerle bir metin yazıldı. Roza metni okumayı başaramadı, harfleri boyayınca ise deney başarı ile sonuçlandı.

İtiraf ederim ki bunu bir mucizeyi dinlermiş gibi dinledim. Ama bu mucize de elbette somut bir vakadır. Rusya'nın birçok enstitülerinde "parmaklarla görme" deneylerini yapıyorlar. Şu an onlarca hatta yüzlerce kişi bugün açıklığa kavuşamamış bu beceriye sahiptirler ve en az Roza Kuleşova'nın sonuçları kadar başarılı sonuç veriyorlar.

Moskovalı bilim adamı Profesör A.A. Smirnov bana Roza Kuleşova'nın kâhinlik yeteneğini tespit etmek amacı ile uyguladığı kendi deneyinden bahsetti. Bu amaçla, onun evine misafirliğe giderken yanına kalın kâğıttan yapılan bir zarf almış. Zarfın içine meslektaşı birkaç adet renkli kâğıt koymuş. Kuleşova'ya gelince zarfın içindeki söylemesini rica etmiş. O, zarfı eline aldı ve:

"Bu 'parmaklarla görmekten' daha zor olacak tabii. Ama deneyeceğim. Bence en üstte kırmız kâğıt var, sonra mavi, sonra yeşil. Sonra yedi tane renkli kâğıt var, ama onları bulanık görüyorum. "

"Kontrol edelim" dedi neşeyle bilim adamı ve zarfı açtı: Kâğıt parçalarının sırasını kendisi de bilmiyordu. "Bakalım! İlk kâğıt kırmızı, doğru bilmişsiniz, sonra kırmızı, sonra mavi, sonra yeşil. Sonra yedi değişik renkte kâğıtlar."

Belirtmek isterim ki "Tenle Görme" deneylerini Amerikalı bilim adamları yapmıştır. Bu yeteneğe sahip Patrisiya Stoili son yıllarda üç kere deneylerden geçti. Deneyden deneye yeteneklerinin zayıfladığı tespit edildi. İlk deneyler serisi çok etkin idi, birkaç ay sonra yapılan ikinci deney serisi ise olumlu sonuç verse de sonuç parlak değildi. Üçüncü deney serisi ise hiç sonuç vermedi. Patrisiya, nadir olan yeteneğini kaybetti.

Burada belirtmem gerekir ki ilginç telepatik becerileri veya başka bir sıra dışı yeteneği olan bir kişiye çok dikkatli ve iyi niyetli davranmak lazım. Bu tür yeteneklerin sergilenmesi deneğin ruhunu coşturduğu, ilham yaratan seyircilerin iyi niyetli davranışının yarattığı atmosferde başarı ile geçtiğini birçok kez duymuştum ve tersine ironi ve kötü niyetli bir ortamda deneğin ilhamı sönüyor, en yeteneklilerin becerisi sona eriyor. Gazetede yayımlanmış acımasız bir makale öngörü sahibi insanın veya kâhinin herhangi araştırmaya veya denemeye konu olma ve yeteneğini sergileme isteğini yok edebilir. Bilim ise sıra dışı yeteneğe sahip olan herkesin incelenmesinden yanadır, çünkü bu yeteneklerin detaylı incelemesi yapılmadan onların bilimsel açıklaması yapılamaz.

..." Roza Kuleşova Fenomenini" bilim daha açıklayamadı. Ama o var. Bunda artık hiç şüphe kalmamış gibi. Kehanet fenomeni de araştırılmayı ve açıklanmayı bekliyor. Çok sık beni kıskanan insanların düşüncelerini yakalıyorum.

"Bu yetenek benim olsaydı. Ben..."

Ben insanlara söylemek istiyorum ki

"Kıskanmayın! "

Gerçekten! Neyi kıskanıyorsunuz ki? Telepatik kabiliyetim sayesinde bazen öyle şeyler duyuyorum ki, hani derler ya kulaklarım kuruyor! Maalesef! İnsanların aklından kimsenin bilmesini istemeyeceği ve dile getiremeyeceği o kadar çok fikirler geçiyor ki! Kendinle ilgili basit, kaba, kurnaz fikirleri duymaktan hoşnut olur muydunuz?

Hipnotize edebilmek, kıskanılacak bir yetenek midir?

Hayır! İspat etmek için diyebilirim ki, bu becerimi çok nadir kullanırım. Hayatım boyunca parmakla sayacak kadar olayda kullanmışımdır. Belki en kıskanılacağı şey, geleceği görebilme yeteneğidir. Bu da değil! Mesela, hiçbir zaman insanlara öleceklerini söylemem. Başka kötü haberleri de söylememeye çalışırım. Neden? Kaza ve felaketi beklemeden yaşasınlar... Mutlu olsunlar.

Bu yeteneklerin hiç biri özel bir ayrıcalık yaratmıyor. Bunların sahibi dürüst kişi ise, özel çıkar, dolandırıcılık ve suç işlemek için bunları kullanmayacak ise tabii. Ama onun başarılı olacağına hiç ihtimal vermiyorum. Eninde sonunda yakalanmış olacak ve cezalandırılacaktır... Mutlaka. Dolayısı ile kıskanmayın!!!

SONUÇ

Bugün dinlenme günlerimden biridir. "Psikolojik deneylerle" yaptığım turne geride kaldı. Bir sonraki turneye kadar birkaç günlük ara var. Evdeyim. Bugün Wolf Messing değilim. Ben Volf Grigoryeviç; sıradan bir insanım.

Moskova'da Novopesçan sokağında, yeni bir apartmanın sıradan dairesinde oturuyorum. Odamda, pencerenin önünde duran çalışma masamda bu yazımı yazıyorum. Masamda yazı takımı yerine madencilerin feneri var. Sol tarafımda eski porselenden yapılmış kahve takımı duruyor, tüm bunlar arkadaşlarımın hediyesidir. Birkaç yüz sevdiğim kitap var odamda. Duvarda vefat eden eşimin resmi asılıdır. Televizyonun üstünde dağ madeninin bir parçası duruyor, kristal. Ona dokunmayı seviyorum. Bir gezimde madenciler hediye etmişlerdi.

Bu dairede dördümüz yaşıyoruz. Ailem bunlardan ibaret. Benim dışımda eşimin ablası; evimizi evirip çeviriyor, iki tane bembeyaz sevimli köpek, Maşenka ve Puşinka; kızı ve annesi. Birbirimize çok iyimser davranıyoruz, birbirimizi anlayışla karşılamaya, istek ve alışkanlıklarımıza saygı göstermeye çalışıyoruz.

Her zamanki gibi sabah saat 8'de kalktım. Birkaç tane nefes egzersizi yaptım. Kişisel bakımımla ilgilendikten sonra küçük dostlarımı gezintiye çıkardım.

Eve dönüşte posta kutusundaki gazeteleri ve mektupları aldım. Pazar günü, aynı sizin de yaptığınız gibi sayın okurum; kanepeye yerleştim ve onları incelemeye başladım. Herkesi etkilediği gibi bazı haberler beni sevindirdi ve heyecanlandırdı, bazıları ise üzdü ve telaşlandırdı. Bilimsel ve teknolojik gelişmelerin küçülttüğü bu dünyada modern insan, dünya gelişmelerinden bağımsız yaşayamaz. Antarktika'dan, Brezilya'dan, Avustralya'dan ve Somali'den -tüm kıtalardan- gelen haberler beni sevindiriyor veya hüzünlendiriyor.

Saat 10'da kahvaltımı yapıyorum. Sütlü kahve içiyorum, rafadan iki yumurta ve bir dilim ekmek kahvaltımı oluşturuyor.

Kahvaltıdan öğle yemeğine kadar postayı ayıklıyorum. Seyircilerim mektup yazarlar. Hayat ve sanatla ilgili çeşitli sorular konusunda bana danışırlar. Bilim adamları da mektup yazıyorlar, uzak bir bilim dalı gibi gözüken alandan sıkça mektuplar gelir. Her mektuba cevap yazarım. Bazen hemen cevaplayamazsam da bir hafta veya iki hafta sonra, durum netleşince cevabımı yazarım

Eğer zaman kalıyorsa, edebi dergilerde yayımlanan yeni hikâyeleri okurum veya yeni deneyleri düşünürüm veya küçük dostlarımla oynarım. Saat dörtte basit ev yemeklerinden oluşan öğle yemeğini yiyoruz. Kısa bir dinlenme müddetinden sonra televizyonu açıyorum. Bu harika aygıt beni sevindiriyo, evin duvarlarını tüm dünyayı görebilecek şekilde genişletiyor. Televizyon bazen tiyatronun, konserin veya sirkin yerini alıyor.

Trajediden operaya kadar, sirkten sahneye kadar tüm gösteri sanatlarının türlerini seviyorum. Birçok ünlü aktörle tanışıyordum; eşsiz Şalyapin, Mihoel Som'la, kuvvetli Provom Sadovskim, sihirbaz Vertinskiy ile... Eskiden her cumartesi gününü ya tiyatroda, ya sirkte ya da konserde geçirirdim. Şimdi ise bunların yerine, televizyonun önünde zamanım geçiyor. İtiraf edeyim mi? Tiyatro ve konserlerden kaçınmamın bir nedeni tanınmak korkusu. Aktörlerin oyunundan, yönetmenin sanatından zevk almak için geldiğinde, arkandan biri seni parmakla gösteriyorsa veya iyice bakmak için önüne geçiyorlarsa, bu hiç hoş değildir. Bu durum, engel oluşturuyor. Bu sebepten dolayı seyircilerin biriktiği yerlerde bulunmamaya çalışıyorum.

Akşamları ise bazen dostlarımdan biri uğrar, bazen birine misafirliğe giderim. Ama kural olarak saat on birde evdeyimdir. Küçük dostlarım beni beklerler. Onlarla akşam gezisini yaptıktan sonra saat on ikide uykudayımdır...

Bugün ben sıradan vatandaşım, Wolf Messing'im. Yarın gösterim var. Sabahtan gücümü toplamalıyım, odaklanmalıyım... Yeniden Wolf Messing olmam lazım!!! İnanın ki Wolf Messing olmak kolay değil...

Kaleme alan Vasileyv Mihail, 1964-1965

Notlar